本书系全国教育科学"十三五"规划 2019 年度教育部青年课题"教育现代化视角下我国老年人力资源供需机制研究"（课题批准号：EFA190475）最终成果。

# 中国人口老龄化背景下老年消费市场开发研究

赵丽清◎著

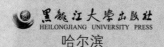

黑龙江大学出版社
HEILONGJIANG UNIVERSITY PRESS

哈尔滨

**图书在版编目（CIP）数据**

中国人口老龄化背景下老年消费市场开发研究 / 赵
丽清著 . -- 哈尔滨 ： 黑龙江大学出版社，2023.8
　ISBN 978-7-5686-1012-4

　Ⅰ . ①中… Ⅱ . ①赵… Ⅲ . ①老年市场－消费市场－
研究－中国 Ⅳ . ① F723.8

　中国国家版本馆 CIP 数据核字（2023）第 149592 号

中国人口老龄化背景下老年消费市场开发研究
ZHONGGUO RENKOU LAOLINGHUA BEIJING XIA LAONIAN XIAOFEI SHICHANG KAIFA YANJIU
赵丽清　著

责任编辑　赵　晶　邱　实
出版发行　黑龙江大学出版社
地　　址　哈尔滨市南岗区学府三道街 36 号
印　　刷　哈尔滨市石桥印务有限公司
开　　本　720 毫米 ×1000 毫米　1/16
印　　张　9.75
字　　数　173 千
版　　次　2023 年 8 月第 1 版
印　　次　2023 年 8 月第 1 次印刷
书　　号　ISBN 978-7-5686-1012-4
定　　价　39.80 元

本书如有印装错误请与本社联系更换，联系电话：0451-86608666。

# 前　　言

现今，全球人口年龄结构发生了重大变化，人口老龄化已成为许多国家面对的重大社会问题。我国的人口老龄化已经到来，并且发展速度比较快，使经济社会承受着较为沉重的养老负担，客观上存在"未富先老"的现象。所以，促进人口与经济社会的可持续发展是我国经济社会发展的重要目标。本书以人口转变理论为基础，从理论和实证两个角度探讨了我国人口老龄化和老年消费市场的相关问题，以期为我国发展过程中的调控政策选择提供理论视角和基本依据。

本书综合运用多种分析方法，如比较分析法、计量分析法、数理分析法、实证分析法等，分析了人口老龄化背景下开发老年消费市场的重要性、相关理论及事实依据，探讨了老年消费市场的消费状况、践行模式等内容。本书结合劳动经济学、人口学、老年学等多门学科理论，对我国开发老年消费市场给出了具体的对策和建议。

本书首先介绍了中国老年消费市场开发的国际和国内背景、研究意义，老年消费市场开发的重要性，国内外关于老龄化和老年消费市场开发的研究现状及述评分析，并对本书的研究结构、思路、方法及拟创新点进行了说明。其次，在阐述中国老年消费市场开发重要性研究的基础上，分析了人口老龄化背景下中国老年人消费状况。再次，实证分析互联网对老年人力资源供给的影响，试图通过开发老年人力资源、增加有效供给，找寻发展老年消费市场的路径，并在此基础上，分析了老年消费市场践行模式。最后，对老年消费市场开发给出了相应的对策和建议。

特别说明，个别数据未及时更新，原因是在现有的权威数据库中未找到年限更接近的数据。本书中涉及的相关数据,均不含港澳台地区。

限于作者的学识,书中难免存有不妥之处,恳请读者批评指正。

赵丽清

2023 年 4 月

# 目　录

# 第1章 绪论

## 1.1 研究背景

在人类发展历程中,人口发展大致经历了三个阶段。首先是高出生率、高死亡率、低自然增长率的"高高低"阶段。到了18世纪,人口的出生率与死亡率较之前都有所下降,但是死亡率下降的速度比出生率下降的速度快,所以这一时期自然增长率比较高,属于高出生率、低死亡率、高自然增长率的"高低高"阶段。19世纪末20世纪初,西方部分发达国家的人口更替呈现低出生率、低死亡率、低自然增长率的"三低"趋势。欧洲、北美洲、大洋洲等有"老年洲"之称的发达地区先行步入老龄化社会。早在1850年,法国60岁以上的人口在总人口中的占比就达到了10%,过了15年,即1865年,65岁以上的人口在总人口中的占比达到了7%,法国成为世界上最早的老年型国家。[①] 之后,英国、德国、意大利、澳大利亚、美国、比利时、加拿大等发达国家相继步入老年型国家的行列。到20世纪中期,大多数发达国家都已进入老龄化社会。

面对日益加剧的世界人口老龄化趋势,联合国、世界卫生组织、联合国人口基金会等国际组织多次召开会议商讨应对之策。人口老龄化是20世纪末最突出的社会现象,也是21世纪全世界必须面对的社会性难题。对于发展中国家而言,人口老龄化的概念在20世纪中叶以前还是比较陌生的,人口老龄化真正进入发展中国家的视野是在1956年联合国发布《人口老龄化及其社会经济后

---

① 柯克斯.人口学[M].张志鸿,邵士枚,张开敏,等,译.上海:上海译文出版社,1985:210.

果》之后。20 世纪 70 年代以来,联合国给予人口老龄化问题以足够的重视。1978 年,第 33 届联合国大会通过第 33/52 号决议,强调老年人的权利,确认有必要唤起各国对人数日增的老年人正面临的困境的注意。1982 年 7 月 26 日到 8 月 6 日,第一次老龄问题世界大会在维也纳召开,多个国家、机构和组织的代表参会。大会的主要目的是让各国进一步意识到人口老龄化问题的重要性,敦促各国采取相应的行动保障老年人的合法权益。此次会议还通过了《老龄问题维也纳国际行动计划》。作为联合国老龄工作的第一个指导性文件,其目的是加强国家间的合作,提高各国处理人口老龄化问题的能力。1991 年 12 月 16 日,第 46 届联合国大会通过《联合国老年人原则》(第 46/91 号决议),建议各国将老年人的独立、参与、照顾、自我充实、尊严等原则纳入国家方案。1992 年,联合国召开了第 47 届联合国大会,此次会议通过了"一个宣言一个目标",即《老龄问题宣言》和《1992 年至 2001 年解决人口老龄化问题的全球目标》。宣言重申了《老龄问题维也纳国际行动计划》和《联合国老年人原则》,并决定将 1999 年定为国际老人年,以提醒各国高度重视人口老龄化问题。随后,世界卫生组织发起并开展了一次"积极老龄化全球行动"。2000 年 6 月,第 54 届联合国大会通过第 54/262 号决议,决定召开第二次老龄问题世界大会。2002 年,第二次老龄问题世界大会在西班牙首都马德里召开,"积极老龄化"①就是在此次会议上被定义的,这是在之前所提出的"健康老龄化"战略基础上的一个升级。"积极老龄化"更多体现的是对老年人享有社会权利的一种尊重,以及社会文明的一大进步。该次会议通过了《马德里政治宣言》,目的是敦促各国把应对人口老龄化问题纳入国家发展战略。在此期间,世界卫生组织向大会提交了题为《积极老龄化政策框架》的建议。大会采纳了该建议,把其内涵写入《马德里政治宣言》,并把积极老龄化作为应对人口老龄化问题的有效举措。2023 年 1 月 12 日,联合国经济和社会事务部发布的《2023 年世界社会报告》指出,2021 年全球 65 岁及以上人口为 7.61 亿,到 2050 年这一数字将增加到 16 亿,80 岁及以上人口增长速度更快。② 2023 年 6 月,国际老龄联合会第 16 届全球老龄大会在泰国

---

① 积极老龄化强调以积极的态度面对老年个体和群体,"健康、参与、保障"是其基本要义,目的是提高老年人的预期寿命和生活质量。

② 徐胥.联合国《2023 年世界社会报告》提出——为全球老龄化人口提供支持[N].经济日报,2023-01-14(4).

曼谷召开,会议以"挑战、转型、变革"为主题,"敦促各国政府和各界人士以及科研机构重视老年人的福利问题"①。由此可以看出,人口老龄化正日益成为全球焦点。在此背景下,各国应积极采取相应措施,积极应对老龄化社会,积极对待老年人,积极改善老年人的生活质量。

在21世纪初,我国迎来了低出生率、低死亡率、低自然增长率的"三低"人口增长模式,这意味着我国用不到30年的时间走完了发达国家上百年才完成的人口增长模式转变过程。1953年,中国总人口为58260万人,到1964年进行第二次全国人口普查时,总人口已经高达69458万人,与1953年的第一次全国人口普查相比,11年间人口净增1.1亿,人口增长了近20%,这意味平均每年人口净增1000万,年平均增长率达1.61%。1982年的第三次全国人口普查是第一次使用计算机进行的现代化人口普查,这一年,中国总人口已经超过10亿,距上一次全国人口普查,总人口净增了约3亿。从第三次全国人口普查开始,尽管总人口数还在增加,但是受20世纪70年代的计划生育政策影响,常住人口出生人数已经出现明显的下降。1982—1990年,中国总人口增加了1.26亿,但是增长率仅为12.5%,年平均增长率为1.48%。1990—2000年,总人口增加了1.32亿,人口增长率为11.7%,年平均增长率下降到1.07%。2000—2010年,人口增长了7389万,增长率为5.8%,年平均增长率下降到0.57%。2010—2020年,人口增加了7206万,年平均增长率下降到0.53%。受计划生育政策影响,1981年中国总和生育率为2.61,相比于1970年高达5.81的总和生育率,这时的生育水平已出现大幅下降。1990年,总和生育率降到2.31。在第五次全国人口普查中,总和生育率下降至1.22,在第六次、第七次全国人口普查中总和生育率分别为1.18、1.30。②

若按60岁及以上人口在总人口中的比重超过10%为一国进入老龄化社会的标准,1964年,中国60岁及以上的人口占总人口的6.08%,不到20年的时间,即1982年这一比例就提高到了7.63%,平均每年提高约0.09个百分点。1990年,60岁及以上的人口占比达8.58%,与1982年的7.63%比较,8年间平

①　彭荣院长团队应邀参加国际老龄联合会第16届全球老龄大会[EB/OL]. (2023-07-03)[2023-07-21]. https://xfz.gdufe.edu.cn/2023/0703/c8391a177372/page.htm.

②　乔晓春.从"七普"数据看中国人口发展、变化和现状[J].人口与发展,2021,27(4):75-80.

均每年提高约 0.12 个百分点。2000 年,60 岁及以上的人口占比达到了 10.46%,与 1990 年的 8.58% 比较,平均每年提高 0.19 个百分点。这标志着中国正式步入了老龄化国家的行列。[①] 若按 65 岁及以上人口在总人口中的比重达到 7% 为标准,那么仅仅比较最近的两次全国人口普查数据即可反映现状。2020 年第七次全国人口普查数据显示:我国 60 岁及以上人口为 2.64 亿,占比达到 18.7%,65 岁及以上人口为 1.91 亿,占比为 13.5%,与第六次人口普查相比,分别上升了 2.51 和 2.72 个百分点。[②]

从国际上看,我国的人口老龄化有其自身特征:老龄化率并不是最高的,但是老年人口数量很大,且增长速度很快。

我国人口老龄化正快速发展,已出现老年人口比重快速上升的情况,可以预见,在消费市场中,老年人口的消费总量也将有所上升。预计"十四五"期间,我国老年人口将超过 3 亿人,从轻度老龄化进入中度老龄化阶段。[③]

## 1.2 研究目的及意义

在人口老龄化日益加剧的背景下,中国老年消费市场存在巨大供需缺口,有着广阔的发展空间。从现阶段来看,我国老年群体的消费情况受到其收入状况和消费倾向的影响,整体消费水平较低,消费主要集中在饮食和医疗保健方面。从老年人心理的角度看,老年群体的消费策略普遍较为保守,消费品大多是实用性较强的商品。此外,老年群体在文娱方面的支出正在上升,随着老年人老龄程度的加深以及对美好生活的追求提升,中国老年消费市场的整体消费结构也会发生相应的变化,这为我国老年消费市场的持续发展提供了机会。对老年消费市场进行研究,一方面有利于满足老年群体日益增长的消费需求,更好地提高老年群体的生活质量;另一方面,开发老年消费市场,促进老年群体消费,是对国家扩大内需政策的响应。长期以来,党和政府十分关心、重视老年群体,采取了一系列积极举措来推动老龄事业的发展,这在客观上为老年消费市

---

① 作者整理并计算历次全国人口普查数据得出。

② 张车伟,蔡翼飞.从第七次人口普查数据看人口变动的长期趋势及其影响[N].光明日报,2021-05-21(11).

③ 王美华.医防相融 托起健康夕阳红[N].人民日报海外版,2021-03-16(10).

场的发展奠定了良好的基础。我国老年消费市场不仅涉及老年人衣、食、住、行等基本生活需求,而且涉及相关消费品的生产、分配等多个环节,因此在推动相关经济领域的发展、带动就业等方面有重要意义。可见,老龄产业是非常具有市场价值及开发潜力的新兴产业,有着广阔的发展前景。

## 1.3 文献综述

### 1.3.1 国外相关研究

国外的学者从不同的角度对人口老龄化的内涵、发展速度、判定标准等方面进行了阐述,如舒尔茨的《老年经济学》[①]、莫里森的《老龄经济学——退休的前景》[②]、霍曼和基亚克的《社会老年学——多学科展望》[③]等。

罗斯在 1962 年提出次文化论,他认为,老年群体具有的独特文化特征赋予老年人一种不同于以往的新团体身份,老年人在 60 岁后仍然具有活动能力,有经常与他人交往的需求。

美国心理学家卡特尔和霍恩认为,人的智力可分为两种类型,即液化智力和晶化智力,前者会随人年龄的增长而减弱,但后者不但不会减弱,反而会有所增强。人在 55 岁时晶化智力的表现仍如同 20 岁时一样,60 岁以后,若继续增进知识或从事教育活动,则人的晶化智力将持续增强,70—80 岁后才略有减弱。可见,老年人仍有参与社会生产的智力、能力。

在对消费的影响方面,有学者认为人口老龄化对消费有正向影响。莫迪利亚尼运用跨国截面数据,发现老龄化与消费之间存在正相关。[④] 海德拉等人研究认为,居民的消费水平会因为人口出生率的下降和人均预期寿命的延长而显

---

① 舒尔茨. 老年经济学[M]. 熊必俊,郑亚丽,彭松建,译. 北京:华夏出版社,1990.

② 莫里森. 老龄经济学:退休的前景[M]. 张家钢,雷捷生,戴汉笠,等,译. 北京:华夏出版社,1988.

③ 霍曼,基亚克. 社会老年学:多学科展望[M]. 冯韵文,屠敏珠,译. 北京:社会科学文献出版社,1992.

④ MODIGLIANI F. The life cycle hypothesis of saving, the demand for wealth and the supply of capital [J]. Social research, 1966, 33(2):160−217.

著提高。① 但有学者提出不同意见,例如,威尔逊对澳大利亚和加拿大两个国家的时间序列数据做协整回归,并未得出人口老龄化与消费之间的相关结论。② 部分学者对人口老龄化与居民消费结构的关系进行研究。帕克等人发现,在韩国,老年人对营养品的需求较高,但对营养品价格的满意程度不高,这反映出一种以老年群体为对象的日用品消费倾向,即具有价格敏感性。③ 阿尔梅达和苏扎以巴西老年人口作为研究对象,发现随着经济状况的改善,中老年人的医疗保健费用比非中老年人要高,60—70 岁的老年人关注生命品质和身体健康,在部分商品和服务上有与非老年人类似的消费行为特征。④

### 1.3.2 国内相关研究

(1)关于人口老龄化的相关研究

国内学者对人口老龄化的研究主要集中在两个阶段:第一个阶段是 20 世纪 80 年代至 90 年代,一些学者对人口老龄化的发展趋势、发展现状、成因和影响等进行了集中的研究;第二个阶段是 21 世纪以后,对人口老龄化问题的研究被扩展到其他学科领域。

熊必俊、董之鹰在《新兴的一代——老年人发挥潜能探索》一书中重点阐述了如何更好地融合传统观念和现代观念,以充分挖掘老年人的相关潜能,使其更好地"老有所为"。⑤ 熊必俊等人在《老有所为的理论与实践》一书中,详细地论述了开发老年人力资源是应对人口老龄化的有效途径,即重点论述了"老有

---

① HEIJDRA B J, LIGTHART J E. The macroeconomic dynamics of demographic shocks [J]. Macroeconomic dynamics,2006,10(3):349-370.

② WILSON S J. The savings rate debate: Does the dependency hypothesis hold for Australia and Canada? [J]. Australian economic history review, 2000, 40(2):199-218.

③ PARK J, LEE H S, LEE C, et al. Milk consumption patterns and perceptions in Korean adolescents, adults, and the elderly[J]. International dairy journal, 2019, 95: 78-85.

④ ALMEIDA A N, SOUZA L R S. Analysis of the consumption patterns in families with and without elderly members between 1987 and 2009 in the metropolitan regions of Brazil[J]. Journal of population ageing, 2019, 12(3): 327-357.

⑤ 熊必俊,董之鹰. 新兴的一代:老年人发挥潜能探索[M]. 北京:北京经济学院出版社,1994.

所为"的相关理论。① 董之鹰②、沈安等③、杨宜勇④、丁国剑⑤、陈勃⑥分别在其著作中从不同的角度对这场"银色革命"进行了详细的论述,他们普遍认为应该以积极的态度应对人口老龄化,更好地践行"老有所为",同时,完善社会养老保险体系和养老服务机构等与老年人相关的服务和设施。

(2)关于老年消费市场的相关研究

针对老年消费市场的研究主要包括老年人在消费需求方面的特征、老年消费市场的潜力、老年人消费心理等方面。人口年龄结构的变化通常导致消费市场需求发生变动,随着中国人口老龄化的迅速发展,老年人对消费市场的影响越来越大。朱海燕对老年人的需求特点、消费倾向和购买潜力等进行了论述。⑦季永生探讨了老年消费市场的发展潜力,并对老年消费市场的发展进行了策略研究。⑧ 学界对老年消费市场的研究不仅涉及物质方面,而且涉及老年消费者的精神层面。彭冬林认为,随着中国人口老龄化的加剧,老年经济或将成为我国经济的新增长点,因此,面对庞大的老年消费群体,各大商家需要更深层次地了解老年群体的消费需求,深刻探寻隐藏在老年消费市场的机遇。⑨ 焦晓阳认为,随着目前中国经济发展形势的变化,人口老龄化问题不断凸显,居民消费出现动力不足的问题,所以应着眼于中国人口老龄化现状,分析老年人的收入和

---

① 熊必俊,董之鹰,章丽君.老有所为的理论与实践[M].北京:经济管理出版社,1993.

② 董之鹰.老年资源开发与现代文明社会[M].北京:经济管理出版社,1998.

③ 沈安,黄成飘,朱胜业,等.不老之路:海外老龄大观[M].北京:中国经济出版社,1991.

④ 杨宜勇.中国老龄社会背景下的退休安排[M].北京:中国劳动社会保障出版社,2008.

⑤ 丁国剑.银色经济:21世纪晚霞产业商机无限[M].成都:西南财经大学出版社,2001.

⑥ 陈勃.对"老龄化是问题"说不:老年人社会适应的现状与对策[M].北京:北京师范大学出版社,2010.

⑦ 朱海燕.关于中国老年市场前景的思考[J].市场与人口分析,1999,5(6):28-29.

⑧ 季永生.浅析老年消费市场的潜力和策略选择[J].福建论坛(人文社会科学版),2008(A3):19-20.

⑨ 彭冬林.数字化时代,你所不知道的中老年消费市场[J].中国眼镜科技杂志,2020(8):26-29.

支出状况,分别从总体和个体的角度出发,探索人口老龄化对居民消费的影响机制。①

对老年人口与老年消费市场关系的相关研究可追溯到 20 世纪 90 年代,包括最早对老年人口与市场需求的论述,以及人口变化对市场的影响研究。关于人口老龄化对消费的影响问题,国内学者持不同观点。部分学者通过实证研究得出结论,认为人口老龄化对消费有负面影响。唐东波运用向量自回归模型进行实证分析,发现无论长期还是短期,人口年龄结构的变化都会明显使居民储蓄增加,而储蓄增加意味着消费水平的降低。② 李春琦、张杰平通过分析 1978—2007 年的中国宏观年度数据,发现农村人口老龄化程度的加深会导致农村居民消费需求降低。③ 张乐、雷良海利用 1989—2008 年各省市的面板数据研究我国东、中、西部地区居民消费率与人口年龄结构的关系,认为老年抚养比的上升会引起消费率的下降,且老年抚养比对东部地区消费率的影响更为显著。④ 代金辉等人利用山东省城镇居民 1992—2015 年的相关统计数据,通过建立并分析人口老龄化与居民平均消费倾向的关系模型,得出老年人口比重越大,居民平均消费倾向越低的结论。⑤ 刘红梅等人对上海市人口结构和储蓄现状的研究表明,人口老龄化程度的加深会引起储蓄增加,从而导致居民消费动力不足。⑥ 还有一些学者通过实证研究得到不同结论。王宇鹏以平均消费倾向作为居民消费行为的评价指标,研究人口老龄化与中国城镇居民消费行为的关系,研究结果表明老年人口抚养比与城镇居民的平均消费倾向显著正相关。⑦ 崔凡

---

① 焦晓阳. 人口老龄化对我国居民消费影响研究[J]. 对外经贸,2021(9):158-160.

② 唐东波. 人口老龄化与居民高储蓄:理论及中国的经验研究 [J]. 金融论坛 ,2007(9):3-9.

③ 李春琦,张杰平. 中国人口结构变动对农村居民消费的影响研究 [J]. 中国人口科学, 2009(4): 14-22.

④ 张乐,雷良海. 中国人口年龄结构与消费关系的区域研究 [J]. 人口与经济 ,2011(1):16-21.

⑤ 代金辉,马树才. 人口老龄化对居民消费行为影响效应的实证检验 [J]. 统计与决策,2017(21):82-86.

⑥ 刘红梅,周潇,武长河,等. 上海市人口老龄化对居民储蓄影响的实证研究 [J]. 华东经济管理,2018,32(4):19-25.

⑦ 王宇鹏. 人口老龄化对中国城镇居民消费行为的影响研究 [J]. 中国人口科学 , 2011(1):64-73.

等人利用灰色 GM(1,1)预测模型研究老年人口消费规模,认为在 2011 年之后的 40 年中,老年人口规模将继续不断扩大,老年人口消费支出的规模也将随之扩大,这是中国发展老龄经济需要牢牢把握住的机遇。[①] 周晓慧对年龄、实际收入、老年人口数量等进行分组研究,结果表明,人口老龄化对储蓄率的影响是显著为负的,而与消费存在正相关。[②]

早期研究较为注重宏观层面的分析,揭示人口老龄化对消费市场的影响,研究人口老龄化与消费水平之间的关系,以及人口年龄结构变化对消费结构的影响等。此外,一些学者还从市场营销学角度对老年消费市场进行研究。唐贵忠在《面对我国人口老化的营销策略分析》中对老年消费者的需求特征从老年人对消费品种类的需求特征和老年人的消费心理特征两方面进行研判,分析相应营销策略。[③]

另外,部分学者试图通过分析发达国家发展老年消费市场的经验,结合中国人口老龄化的现实,为中国进一步开发老年消费市场提供研究路径。例如,李通屏在《发达国家开拓老年市场的经验及其对我国的启示》、陈著在《日本老龄产业的现状及其相关政策》中都针对这方面进行了相关研究。

### 1.3.3 国内外研究现状述评

梳理以上文献可发现,国内外学者关于人口老龄化对居民消费的影响方向持不同观点。2000 年,第五次全国人口普查结果显示,中国开始步入老龄化社会,在 2010 年以后,人口老龄化问题逐步得到全社会广泛重视。由于我国步入老龄化社会比较晚,所以国内对于人口老龄化问题的研究起步比较晚。最近几年相关文献不断增多,研究范围由国家向个别省份逐渐细化,研究指标从单个向多个发展。部分国内学者还梳理了法国、日本、美国等国老年消费市场发展

---

[①] 崔凡,覃松,伍德安. 基于人口结构转变的老龄消费研究 [J]. 吉林大学社会科学学报,2015, 55(6):17-24.

[②] 周晓慧. 中国人口老龄化与居民储蓄率研究:基于组群分析的视角 [J]. 经济研究参考,2016 (14):61-74.

[③] 唐贵忠. 面对我国人口老化的营销策略分析[J]. 市场与人口分析,1998,4(4):25-27.

状况,并对中国老年消费市场的发展给出了相应的对策建议,但是对于中国老年消费市场的研究还有更深入的问题需要解决,这将是本书的研究重点,也是本书的拟创新部分,将在拟创新部分进行详细说明。

## 1.4 与本研究相关的理论

### 1.4.1 马克思主义人口理论

马克思主义人口理论认为,"不同的社会生产方式,有不同的人口增长规律和过剩人口增长规律;过剩人口同赤贫是一回事。这些不同的规律可以简单地归结为同生产条件发生关系的种种不同方式,或者就活的个体来说,可以简单地归结为同他作为社会成员(因为他只能在社会中从事劳动和占有)的再生产条件发生关系的种种不同方式"①。马克思主义人口理论以辩证唯物主义与历史唯物主义作为分析的出发点与基础,将社会的人口变化过程放到生产关系与生产力、经济基础与上层建筑的矛盾运动中进行考察。

马克思主义人口理论的主要思想源自他的政治经济学。人口现象本质上是一种社会现象。马克思主义人口理论的形成与发展立足社会历史发展基础,全面且深刻地分析人的本质及需求、社会生产过程中劳动者与资本之间的关系,以及相对过剩人口的产生。马克思主义人口理论是认识人口问题本质和人口问题产生原因的理论基础,同时也是解决人口问题的方法论。

马克思主义人口理论主要包括两种生产理论、人是生产者和消费者的统一、人口与经济关系等内容。两种生产理论,即物质资料生产和人类自身生产。该理论认为,物质资料生产和人类自身生产是对立统一的关系,二者相辅相成、相互渗透、相互制约,共同构成了人类社会生产的两方面。人类自身生产必须与物质资料生产相协调,在一定社会生产力水平下,二者的发展速度、发展规模、发展水平等均应同步。例如,在人口老龄化背景下,我国可以通过有计划的

---

① 天津市社会科学界联合会,中共中央编译局马恩室.马克思恩格斯学说集要[M].天津:天津人民出版社,1995:3486.

调节实现老年人口生产与物质资料生产的相适应。

此外，人是生产者和消费者的统一。马克思主义人口理论认为人具有自然属性和社会属性。人的社会属性主要体现在人的经济属性方面，人作为生产者和消费者的统一体，就是通过这两种属性与经济活动发生密切关系。马克思在《德意志意识形态》中说道："人们为了能够'创造历史'，必须能够生活。但是为了生活，首先就需要吃喝住穿以及其他一些东西。因此第一个历史活动就是生产满足这些需要的资料，即生产物质生活本身，而且，这是人们从几千年前直到今天单是为了维持生活就必须每日每时从事的历史活动，是一切历史的基本条件。"[①]马克思还认为，人作为生产者是有条件的，作为消费者是无条件的，也就是说，并不是所有的人都是生产者，但是所有的人都是消费者。中国老年人口数量多，消费潜力巨大，开发老年消费市场对于满足老年群体追求美好生活的消费需求有重要的意义。

马克思主义人口理论的另一个重要方面就是对人口与经济关系的分析。在《政治经济学批判》一书中，马克思论述了人口增长与经济发展之间的关系，认为一切剩余劳动形式都需要人口的增长；第一种形式(绝对剩余劳动形式)需要劳动人口的增长；第二种形式(相对剩余劳动形式)需要一般人口的增长，因为这种形式要求发展科学。人在社会经济生活中具有二重作用：作为生产者，人能创造社会财富；作为消费者，人消费社会财富。

马克思主义人口理论尊重客观事实，探索人口规律，揭示人口问题的本质，是解决包括人口老龄化在内的人口问题的理论武器。研究人口老龄化背景下的老年消费市场开发，应借助马克思主义人口理论，深入剖析人口老龄化的相关问题，揭示人口老龄化的本质，探究人口老龄化的特征，在中国人口老龄化背景下制定适合我国国情的人口政策及人口老龄化政策，坚持问题导向与统筹谋划相统一的原则，坚持老龄人口政策的整体性和连续性相统一的原则，同时，充分发挥人口生产力的作用，不断推动经济社会的持续健康发展。

---

[①] 中共中央马克思恩格斯列宁斯大林著作编译局.马克思恩格斯文集(第一卷)[M].北京：人民出版社，2009:531.

### 1.4.2 马克思主义消费理论

马克思没有专门阐述消费理论的著作,但他对消费相关问题深刻而丰富的见解散见于他的各部著作。马克思的消费理论是本书研究老年消费行为、老年消费市场运行规律的理论基础。

马克思认为,"……物质生产总是一定社会性质(生产关系)下的生产,生产、消费、分配、交换是物质生产的四个环节,生产是这四个环节的起点,并以生产为出发点论述了生产与消费、分配和交换的一般关系"[①]。马克思还指出:"生产和消费具有直接的同一性。生产直接也是消费:一方面表现为劳动力的消费;另一方面表现为生产资料的消费。"[②]相对于一切生产要素来说,生产的过程也是消费的过程,即生产资料的消费。消费与生产是紧密联系的两个环节,是一种辩证的关系,没有生产就没有消费,没有消费就没有生产。生产决定消费,消费也决定生产。

消费产生新的需求,并使其成为目标和动力,也就是说,消费再生产着生产。生产活动离不开劳动者,而劳动者为了满足自身的需要,实现自身的发展,则需要进行消费活动,这些消费需求又反过来刺激了生产。

(1)消费理论

首先,生产就是消费。商品的生产过程,不仅是劳动资料的消费过程,也是劳动者体力及脑力的双重消费过程。马克思曾在《资本论》中提到,劳动过程就是劳动者不断地消耗体力及脑力劳动,并不断地作用于物质资料的生产过程,即生产过程本身就是一个消费的过程。人们在消费的同时,也在对自身的身体、精神力量进行着持续的再生产。在消费过程和生产过程这两个环节中,每个环节都是另外一个环节的直接对立面,这两个环节之间是相互包含、对立统一的。

其次,生产与消费互为中介。马克思认为,"生产中介着消费,它创造出消

---

① 谭培文,陈新夏,吕世荣.马克思主义经典著作选编与导读[M].北京:人民出版社,2005:173.

② 谭培文,陈新夏,吕世荣.马克思主义经典著作选编与导读[M].北京:人民出版社,2005:175.

费的材料,没有生产,消费就没有对象。但是消费也中介着生产,因为正是消费替产品创造了主体,产品对这个主体才是产品"①。所谓生产中介着消费,是指消费所需要的一切材料都是在生产过程中被创造的,产品为消费提供客观对象。如果没有生产,那么消费就不存在客观对象。所谓消费中介着生产,是指产品只有通过消费才能从观念上的产品转化为现实的产品,即消费过程才能真正使产品成为产品。

最后,消费产生新的需求,并使其成为生产的目标和动力。马克思认为:"如果说,生产在外部提供消费的对象是显而易见的,那么,同样显而易见的是,消费在观念上提出生产的对象,把它作为内心的图像、作为需要、作为动力和目的提出来。消费创造出还是在主观形式上的生产对象。没有需要,就没有生产。而消费则把需要再生产出来。"②这包括两个层面的含义:一是,如果没有消费需求,那么产品就不具有价值;二是,不以消费需求为目标的生产,生产对象最终不可能成为产品。消费既为生产提供了新的要求,也为再生产提供了目标和动力。因此,生产者应以消费者的消费需求为前提安排生产活动,不断满足消费者的消费需求,以获取利润。

可见,生产直接是消费,消费直接是生产。随着生产力水平的发展,人类的消费模式、消费水平都在发生相应的变化。老龄化背景下开发老年消费市场是将该理论应用于实践的较好体现,开发老年消费市场是一个系统性工程,不只涉及老年消费者的消费需求和消费偏好,而且涉及生产者的生产策略。所以,在开发老年消费市场过程中,只有从整体的角度进行思考,综合协调各主体、各部门之间的关系,才能确保市场开发行之有效,进而促进老年消费市场持续健康发展。注重对马克思主义消费理论的深入研究,正确理解消费和生产之间的关系,通过生产多样化适老产品促进老年消费升级,进一步根据消费需求制订生产计划,这对于持续开发我国老年消费市场有着十分重要的指导作用。

(2)消费力理论

马克思认为:"消费的能力是消费的条件,因而是消费的首要手段,而这种

① 谭培文,陈新夏,吕世荣.马克思主义经典著作选编与导读[M].北京:人民出版社,2005:155.

② 中共中央马克思恩格斯列宁斯大林著作编译局.马克思恩格斯文集(第八卷)[M].北京:人民出版社,2009:15.

能力是一种个人才能的发展,生产力的发展。"①消费力是在特定的时间里人们的消费能力。消费力包括消费者的支付能力、消费技能、消费知识等。如果消费者的支付能力强、消费技能高、消费知识丰富,那么其消费质量也相应较高。反之,则较低。可见,消费力作为消费的主观要素,影响消费质量的高低,而消费资料作为消费的客观要素,为提升消费力提供了相应的物质保障。马克思认为,消费力决定生产力。

消费者消费力的提升,能够在一定程度上促使生产者对产品进行升级和革新。因此,要发展生产力,就需要先发展消费力(既有个人消费力,也有社会消费力)和消费资料。个人消费力由居民收入水平等因素决定,社会消费力由社会的分配关系决定。正如马克思所说:"……社会消费力既不是取决于绝对的生产力,也不是取决于绝对的消费力,而是取决于以对抗性的分配关系为基础的消费力;这种分配关系,使社会上大多数人的消费缩小到只能在相当狭小的界限以内变动的最低限度。其次,这个消费力还受到追求积累的欲望,扩大资本和扩大剩余价值生产规模的欲望的限制。"②

(3)和谐消费思想

虽然马克思并未提出和谐消费的概念及相关理论,但通过对马克思消费理论的研究,可以发现马克思认同和谐消费,并对未来社会消费的应然状态做出了预测,这表明和谐消费是马克思消费理论的观点之一。马克思的和谐消费思想在他的一系列著作中都有所体现,如《1844 年经济学哲学手稿》《德意志意识形态》《共产党宣言》等。

马克思认为,人的本质在消费上表现为合理消费。人的本质是人的全面、自由发展,是一切社会关系的总和。在消费层面上,消费要体现人的本质,并且消费要满足人全面发展的要求。人只有在基本生存需要得到满足时,才会产生更高层次的需求。随着生产力的发展、社会的进步,更高层次的需求正在被释放。在人口老龄化背景下,老年群体对精神文化产品和服务的需求的不断扩大,也是人的全面、自由发展的表现之一。

---

① 中共中央马克思恩格斯列宁斯大林著作编译局.马克思恩格斯文集(第八卷)[M].北京:人民出版社,2009:203.

② 中共中央马克思恩格斯列宁斯大林著作编译局.马克思恩格斯文集(第七卷)[M].北京:人民出版社,2009:273.

马克思和谐消费思想的本质特征同当下和谐消费观的要求是契合的。和谐消费离不开消费者的高消费素质和消费力,消费者应主动培育和谐消费观,自觉形成有助于和谐消费的消费习惯。人口老龄化背景下的老年消费市场开发,应积极预防消费异化现象的出现,帮助老年群体实现合理消费、和谐消费。

### 1.4.3 人口转变理论

人口转变理论形成于20世纪初期,作为现代西方人口学中的核心理论之一,在20世纪60年代被西方国家广泛接受。它以西欧一些国家人口出生率和死亡率的历史统计数据为依据,对国家人口发展所经历的不同阶段做出分析和说明。"它描述了人口发展由高出生率、高死亡率、低人口自然增长率,经过高出生率、低死亡率、高人口自然增长率,转变到低出生率、低死亡率、低人口自然增长率的历史过程。"[1]20世纪70年代后,这一理论逐渐被广泛应用于发展中国家人口状况的研究。该理论注重分析人口内在因素的变动和影响,特别是出生率和死亡率之间的相互关系。

人口转变理论主要有以下几种模型。

(1)兰德里的三阶段模型

法国学者兰德里是人口转变理论的创始人。1934年,他在《人口革命》一书中最先提出了这一理论。在这本书中,他把人口的发展过程分为原始阶段、中期阶段和现代阶段。三个阶段的社会经济发展状况不同,对应的人口出生率和人口死亡率分别呈现不同的特点,进而对人口的自然增长率产生不同影响。

兰德里主要依据西欧,特别是法国的人口统计资料提出该模型,该模型对于法国人口出生率和人口自然增长率持续下降的现象做出了合理的解释。

(2)汤普森的三类型、三阶段模型

美国人口学家汤普森根据人口出生率和人口死亡率的不同状况,将世界各国和地区划分为三类,这三类分别反映了人口发展的三个阶段。

第一类主要包括亚洲、非洲和南美洲的一些国家和地区,代表了人口发展的第一个阶段。这类国家和地区的人口出生率和人口死亡率往往保持在很高

---

① 尹豪. 人口学导论[M]. 北京:中国人口出版社,2006:252.

的水平上,很少受到人为限制。其中,有些国家和地区的人口出生率尚保持在高水平,但人口死亡率已经出现下降的趋势,因此其人口自然增长率较高,人口数量增长较快。

第二类主要包括意大利、西班牙和中欧各国,代表了人口发展的第二个阶段。这类国家和地区的人口出生率和人口死亡率都已经开始下降,当二者处于平衡时,其人口数量将处在相对稳定的状态。

第三类主要包括西欧各国,代表了人口发展的第三个阶段。这些国家和地区的人口出生率和人口死亡率都以很快的速度下降,且人口出生率的下降速度快于人口死亡率的下降速度,导致人口自然增长率下降,最终可能导致人口数量的减少。

汤普森的三类型、三阶段模型注重分析人口发展过程中各阶段人口出生率、人口死亡率和人口自然增长率的变化状况,但是,他并没有考虑到人口变动的社会经济因素,没有将人口现象与社会现象结合起来。

(3)诺特斯坦的三类型、三阶段模型

诺特斯坦是美国人口学家,他在1945年发表的《人口——长远观点》一文中,提出了三类型、三阶段模型,对人口转变的条件和原因进行了系统的论述。

第一类主要包括亚洲、非洲、拉丁美洲的一些国家和地区。这类地区的人口类型是处于转变前期的、具有较高增长潜力的人口类型,其人口出生率无人为限制,通常稳定在较高的水平上,同时,受生产力水平和医学条件所限,较高的人口死亡率围绕着高人口出生率上下波动。

第二类包括苏联、日本以及拉丁美洲的一些国家和地区。这些国家和地区的人口类型为处于转变中的人口类型。由于医疗水平和科技的进步,其死亡率开始下降,同时,出生率也开始下降。但人口死亡率的下降速度快于人口出生率的下降速度,故人口数量的增长速度较快。

第三类包括美国、欧洲和大洋洲的部分国家和地区。这类国家和地区已经基本完成人口转变,其人口出生率和人口死亡率都已经下降到很低的水平,其中,人口死亡率在下降到一定水平后便保持相对稳定的状态,而人口出生率则在一段时期内持续下降。

## 1.5 研究方法

(1)文献研究法。利用图书馆与网络查阅大量的相关图书、期刊等文献,进行精读或泛读,为本研究打下基础。

(2)对比分析法。查找、整理大量经济数据,对我国居民的收入状况和消费状况,尤其是老年人的收入状况和消费状况进行详细的量化分析,并以图表的形式展开描述性统计。

(3)统计及计量分析法。利用 2018 年中国家庭追踪调查(China Family Panel Studies,CFPS)数据考察了互联网对城市老年人力资源供给的影响及其作用机制。

(4)理论模型构建法。本书开创性地构建了包括企业、社会各界以及老年人自身在内的关于老年消费市场开发的模型,以期为发展老年消费市场提供一定的理论参考。

## 1.6 拟创新点

本书的拟创新点主要有以下两方面:

(1)关于老年消费市场开发过程中的困境和开发路径,在现有的文献中研究成果较少。本书试图从企业、社会各界、老年人等主体入手,建立老年消费市场开发路径的理论模型,在理论层面为老年消费市场资源的优化配置提供依据。

(2)在开发中国老年消费市场的理论研究层面还鲜有实证方面的分析。数字时代背景下互联网将如何影响老年消费市场开发?提高老年人互联网普及率是否能够促进其再就业,从而通过增加老年人力资源供给,达到增加老年人收入、发展老年消费市场的目的?这是本书要重点研究的内容。

# 第2章 中国人口老龄化现状 与未来发展趋势

## 2.1 人口老龄化的相关概念

老龄化(aging)指人的生命进入老年期的过程。老龄化有个体和群体之分,前者指个体经历的单向且不可逆的过程,即个体衰老的过程,后者指总人口平均年龄的增长趋势,即人口年龄结构①的老化。

人口老龄化(population aging)指群体老龄化,即总人口中年轻人数量越来越少,而老年人的数量越来越多,导致老年人口比例不断增加或者人口平均年龄不断上升的过程。

衡量人口老龄化的指标主要有以下几种。

老年人口比重即老年人口系数,是最为广泛的用于衡量人口老龄化的指标,它指的是在总人口中老年人所占的比重。根据联合国 1956 年提出的人口年龄结构划分标准,在某一特定区域,年轻型人口(young)指 65 岁及以上人口的比重低于 4%,65 岁及以上人口的比重若在 4%—7% 之间,则为成熟型人口(mature),超过 7% 则为老年型人口(aged)。② 人口老龄化的发展速度通过老年人口比重从 7% 增加到 14% 所用的时间(年数)来反映。

---

① 人口年龄结构:指一定地区、一定时点各个年龄组人口在总人口中所占的比重,常用百分比表示。

② United Nations. The aging of populations and its economic and social implications[R]. New York: United Nations, 1956.

18

老年人口比重 = (老年人口数/总人口数)×100%　　　　(2.1)

老龄化系数是一项衡量人口老龄化程度的常用指标,又被称为老人儿童比率,指的是特定人口中老年人口与 0—14 岁少儿人口的比值。这一指标不涉及劳动人口,故在衡量人口老龄化方面是比较准确的。

老年人口抚养比,是指老年人口与劳动人口的比值。它反映的是每 100 名劳动人口需要供养的老年人口数,以比率表示。该指标数值越大,表明每 100 名劳动人口需要供养的老年人口越多,意味着年轻人的负担越重。该指标的优点是在计算方面相对简单,其缺点是无法准确通过年龄衡量社会养老压力,因为老年人口中也有继续工作从而创造价值的人口,而劳动人口当中也有纯消费人口。所以,在运用该指标时,最好将劳动参与率囊括其中,这样所得数值会更准确,但是在实际操作中,该方法的应用存在较大的困难。

老年人口抚养比 = (老年人口数/劳动人口数)×100%　　　(2.2)

此外,衡量人口老龄化程度的指标还有年龄中位数、平均年龄、老龄化率等。

## 2.1.1　老年人口的划分依据

研究人口老龄化,须知何为老年人。老年人指的是年龄等于或者大于老年年龄界限的人。这里的关键是对"老年年龄界限"的确定,总的来说,对"老年年龄界限"的确定主要有以下四种方式。

(1)日历年龄,即个体从出生到死亡所度过的年岁,所以又叫年代年龄或者时序年龄。19 世纪末 20 世纪初,瑞典人口学家桑德巴认为年龄在 50 岁及以上的人口即为老年人;1956 年,联合国人口司将 65 岁作为老年人的起始年龄;1977 年,波兰人口学家罗赛特将 60 岁作为老年人的年龄起点;1982 年,在老龄问题世界大会上,人口学家将老年人的年龄起点规定为 60 岁。我国法律规定,年龄在 60 周岁及以上的人统称为老年人。该种划分方式较为简单,但是无法体现个体差异。

(2)生理年龄,即生物年龄,是根据人的生理功能,如细胞、器官等的衰老程度测定的个体年龄。综合人体的各项生理指标,可将个体的年龄阶段划分为刚出生至 19 岁的生长发育期、20—39 岁的成熟时期、40—59 岁的衰老前期、60 岁及以上的衰老期。故60岁及以上的个体被界定为生理年龄上的老年人。与日历年龄不同的是,个体的生理年龄主要通过测量血压、脉搏等多项生理指标来决定。

(3)心理年龄,即根据个体的心理活动健全程度确定的个体年龄,主要以个体的意识活动和认知能力为测量对象。心理年龄大致可分为三个时期:个体出生至19岁的未成熟期,20—59岁的成熟期,60岁及以上的衰老期。同样,心理年龄在60岁及以上的个体被认定为老年人,同一个体的日历年龄和心理年龄可能不一致,日历年龄为60岁的人,其心理年龄可能仅为四五十岁。

(4)社会年龄,即"个体社会成熟的年龄",用来"表示与同一社会中的其他成员相互关联的个体的社会角色、社会习惯和社会技能的成熟程度"。[①] 社会年龄可以通过测验题目或任务求得。

由于后三种年龄因人而异,难以测量,故为了统计上的便利,一般采用日历年龄来确定个体是否处在老年年龄段。随着医疗技术的进步和人们预期寿命的延长,老年人的年龄界限也正发生变化。联合国人口司在1956年将65岁及以上人口占比超过7%的国家或地区归为老龄化社会或者老龄化地区。1982年,老龄问题世界大会根据发展中国家的具体国情把老年人的年龄起点下调为60岁,并将60岁及以上的人口占总人口比重的10%以上作为老龄化或老年型人口年龄结构界定标准。

## 2.1.2 年轻型、成熟型、老年型的人口年龄结构

人口年龄结构的类型因时期和地区的不同而不同,以下为三种主要的人口年龄结构类型划分方式。

第一种是联合国于1956年主要针对部分发达国家的人口老龄化而采用的划分方式(表2.1)。随着发达国家人口的进一步老化,美国人口咨询局于1975年提出了第二种划分方式(表2.2)。

---

① 教育大辞典编纂委员会.教育大辞典:第5卷 教育心理学[M].上海:上海教育出版社,1990:381.

表 2.1　1956 年联合国人口年龄结构类型

| 人口年龄结构类型 | 65 岁及以上老年人口占总人口的比例 |
|---|---|
| 年轻型 | 4%以下 |
| 成熟型 | 4%—7% |
| 老年型 | 7%以上 |

资料来源:联合国《人口老龄化及其社会经济后果》(1956 年)。

表 2.2　1975 年美国人口咨询局人口年龄结构类型

| 人口年龄结构类型 | 0—14 岁人口占比 | 65 岁及以上人口占比 | 老龄化系数 | 年龄中位数 |
|---|---|---|---|---|
| 年轻型 | 40%以上 | 5%以下 | 15%以下 | 20 岁以下 |
| 成熟型 | 30%—40% | 5%—10% | 15%—30% | 20—30 岁 |
| 老年型 | 30%以下 | 10%以上 | 30%以上 | 30 岁以上 |

资料来源:美国人口咨询局相关标准(1975 年)。

随着发展中国家人口年龄结构的老化,世界范围的人口老龄化问题也开始引起人们的关注,鉴于此,联合国老龄问题世界大会在 1982 年提出了新的人口年龄结构类型划分方式(表 2.3)。

表 2.3　1982 年老龄问题世界大会确定的人口年龄结构类型

| 人口年龄结构类型 | 65 岁及以上老年人口占总人口的比例 |
|---|---|
| 年轻型 | 5%以下 |
| 成熟型 | 5%—10% |
| 老年型 | 10%以上 |

资料来源:老龄问题世界大会相关标准(1982 年)。

得益于经济的发展和医疗技术水平的不断提高,人们的预期寿命也在不断延长,所以上述年轻型、成熟型以及老年型的人口年龄结构类型划分方式并不是一成不变的。目前,在国际上被各国普遍认可的老年型人口年龄结构指 60 岁及以上老年人口在总人口中的比重占 10%以上,或 65 岁及以上老年人口在总人口中的比重占 7% 以上。

### 2.1.3 人口老龄化与人口老龄化问题

由于人口年龄结构受包括人口出生率和人口死亡率在内的诸多因素影响，所以其在不同的国家和地区呈现不同的样态，老年人口、少儿人口以及劳动人口占总人口的比重是不断变化的。总人口中老年人口的比重不断上升意味着少儿人口和劳动人口的比重不断下降，这个动态过程就是人口老龄化的过程。相反，如果其他年龄组的人口比重不断提高，而老年人口比重不断降低，则是人口年轻化的过程。这两个过程都是可逆的，并且在任何国家和地区都有出现的可能。与之相对的是，每一个个体的老龄化过程是不可逆的。

人口老龄化问题是指老年人口在总人口中所占比重不断上升而劳动人口比重和少儿人口比重不断下降给经济社会发展带来的一系列问题。需要注意的是，人口老龄化问题不仅仅指老年人口比重上升给经济社会带来的问题，也包括少儿人口和劳动人口比重下降所引发的一系列经济社会问题。老年人口问题则特指老年人口群体给经济社会发展带来的相关问题。

可见，人口老龄化问题和老年人口问题二者的关系是，前者一定包括后者，但是后者不包括前者。

## 2.2 中国人口老龄化现状

中国作为人口大国，长期以来，总人口数一直居于世界前列。新中国成立后，我国共进行过七次人口普查。1953 年的第一次人口普查显示人口总量为58260 万人；1964 年第二次人口普查时，人口已经达到 69458 万人，与 1953 年相比，11 年间人口增长了 1.1 亿；1982 年的第三次人口普查显示，中国人口已经超过 10 亿。[①]

同时，我国人口老龄化正快速发展，到 2020 年，我国 60 岁及以上人口已达2.64 亿，在总人口中占比达到 18.7%，65 岁及以上人口达到 1.91 亿，在总人口

---

① 乔晓春. 从"七普"数据看中国人口发展、变化和现状[J]. 人口与发展，2021(4)：75.

中占比为 13.5%，与 2010 年相比，分别上升了 2.51 和 2.72 个百分点。[①]

通过考察国际上通用的反映人口老龄化速度的指标，即老年人口比重从 7% 达到 14% 所用的时间，可以发现，第一个老年型国家——法国用时最长，为 115 年（1864—1979 年），荷兰用时 65 年（1940—2005 年），意大利用时 61 年（1927—1988 年），上述国家用时均超过了 60 年。相较于法国、荷兰和意大利，英国和德国用时较短，但也分别经历了 47 年（1929—1976 年）和 40 年（1932—1972 年）的时间。在发达国家中，日本是人口老龄化发展速度最快的国家，仅用了 24 年（1970—1994 年）。[②]

截至 2021 年底，中国 65 岁及以上老年人口占总人口的比重已经超过 14%。[③] 2022 年，联合国经济和社会事务部人口司对部分国家的年龄中位数进行测算，认为我国人口的年龄中位数约为 38.5 岁。

我国人口的年龄中位数之所以较高，一方面与计划生育政策有关，另一方面与人们的预期寿命延长有关。计划生育政策实施后，中国妇女平均生育孩子数量从 1971 年的 5.4 人下降至 1980 年的 2.2 人。[④] 中国提前进入了低生育水平国家的行列，人口再生产类型相应变为"三低"模式。改革开放以来，中国经济的高速发展与低抚养比有很大关系，经济发展进入"人口红利期"。中国老年人口的绝对数量大以及老龄化发展速度快，将对经济社会的发展造成影响，所以，我国应该给予人口老龄化问题以较高的关注，积极研究中国人口老龄化的发展状况和特点，从而更好地应对人口老龄化带来的一系列问题。

①　张车伟，蔡翼飞. 从第七次人口普查数据看人口变动的长期趋势及其影响[N]. 光明日报，2021-05-21(11).

②　尹豪. 人口学导论[M]. 北京：中国人口出版社，2006：211-212.

③　老龄健康司. 2021 年度国家老龄事业发展公报[R/OL].（2022-10-24）[2023-01-20]. http://www.nhc.gov.cn/lljks/pqt/202210/e09f046ab8f14967b19c3bc5c1d934b5.shtml.

④　乔晓春. 中国计划生育政策的演变[J]. 欧亚经济，2016(3)：21.

## 2.3 中国人口老龄化的发展特征

### 2.3.1 老年人口规模庞大,且增长速度较快

中国拥有世界近五分之一的人口,2000年第五次全国人口普查得出的数据显示,中国已步入了老年型国家行列。中国进入老龄化社会的时间较晚,但是受人口基数大的影响,老年人口的绝对数量庞大。2000年,中国60岁及以上的老年人口为1.3亿,占比10.46%,65岁以上人口0.88亿,占比6.98%。截至2022年末,中国60岁及以上人口为2.8亿,占全国人口的19.8%。[①] 可见,我国老年人口数量很大,且增长速度很快。

通过查询历次全国人口普查数据可知,1953年第一次全国人口普查时,60岁及以上与65岁及以上的老年人口抚养比分别为12.98与7.82,1964年第二次全国人口普查时分别为11.53与6.69,比重有所降低。其实,这两次普查阶段的老年人口抚养比都不高。1982年的第三次全国人口普查,60岁及以上与65岁及以上老年人口抚养比分别上升为12.96与8.35。在随后的几次全国人口普查中,不论是60岁及以上还是65岁及以上的老年人口抚养比都一直在提高,并且上升速度比较快。[②]

正如上文中提到的,中国老年人口不仅绝对数量大,而且增长速度较快。如果以65岁及以上老年人口在总人口中的比重由7%升高到14%所需时间来衡量人口老龄化的发展速度,倍增时间越短则说明人口老龄化发展速度越快。2000年,中国65岁及以上老龄人口占总人口的比重是6.98%,已经很接近7%,与联合国经济和社会事务部人口司在2015年的测算数值十分接近。这一比重在2020年为13.5%,2021年底已经超过14%,由此可见,到2021年末老年人口

---

① 国家统计局.中华人民共和国2022年国民经济和社会发展统计公报[R/OL].(2023-02-28)[2023-06-16].http://www.stats.gov.cn/sj/zxfb/202302/t20230228_1919011.html.

② 肖金明.积极老龄化法律对策与法制体系研究[M].济南:山东大学出版社,2015:137-138.

占比已实现倍增,历时 21 年。如表 2.5 所示,根据联合国经济和社会事务部人口司在 2015 年的统计和预测,发达国家实现老年人口由 7% 增至 14% 的平均时间为 50 年,欠发达国家为 40 年,世界平均时间为 35 年,而中国则不足 25 年。中国从初级老龄化社会过渡到深度老龄化社会的实际时间仅为约 21 年,可见人口老龄化速度之快。

**表 2.4　部分国家老龄化社会发展时间表**

| 国家 | 进入初级老龄化社会时间<br>(老年人口占 7%) | 过渡期(年) | 进入深度老龄化社会时间<br>(老年人口占 14%) |
|---|---|---|---|
| 美国 | 1950 | 65 | 2015 |
| 英国 | 1950 | 25 | 1975 |
| 德国 | 1950 | 25 | 1975 |
| 法国 | 1950 | 40 | 1990 |
| 瑞典 | 1950 | 25 | 1975 |
| 日本 | 1970 | 25 | 1995 |
| 澳大利亚 | 1950 | 65 | 2015 |
| 俄罗斯 | 1970 | 50 | 2020 |
| 中国 | 2000 | 25 | 2025 |

资料来源:根据联合国经济和社会事务部人口司《世界人口展望 2015(修订版)》整理。

注:中国进入老龄化社会的过渡期和时间均为预估值。

**表 2.5　世界老龄化社会发展时间表**

| | 进入初级老龄化社会时间<br>(老年人口占 7%) | 过渡期(年) | 进入深度老龄化社会时间<br>(老年人口占 14%) |
|---|---|---|---|
| 发达国家 | 1950 | 50 | 2000 |
| 欠发达国家 | 2055 | 40 | 2095 |
| 世界 | 2005 | 35 | 2040 |

资料来源:根据联合国经济和社会事务部人口司《世界人口展望 2015(修订版)》整理。

注:欠发达国家和世界进入深度老龄化社会的过渡期和时间均为预估值。

从世界范围看,中国属于较晚进入老龄化社会的国家,但从 2000 年步入老龄化社会以后,人口老龄化发展速度较快,人口再生产类型的转变导致了人口年龄结构的老化。2019 年末,中国 60 岁及以上的老年人口数已达到 2.54 亿,占总人口的 18.1%,65 岁及以上的老年人口已达到 1.76 亿,占总人口的 12.6%。[①] 2022 年末,中国 60 岁及以上的老年人口超过 2.8 亿,占全国总人口的 19.8%,65 岁及以上的老年人口为 2.1 亿,占全国总人口的 14.9%。[②] 从以上数据也可看出,中国人口老龄化的发展速度是很快的。

## 2.3.2 人口老龄化存在较大的地区差异

中国各个地区的人口老龄化发展存在一定的差别,呈现出比较明显的自东向西的区域梯次特征,东部地区远远快于西部地区。2000 年,中国东部沿海地区的人口老龄化现象较为严重,上海的人口老龄化系数已经达到 11.53%,浙江、江苏和山东的人口老龄化系数分别为 8.85%、8.76% 和 8.03%,人口老龄化程度居全国前列。2012 年,全国各地区的人口老龄化程度加深,其中,重庆、四川、江苏、湖南和湖北的人口老龄化系数分别为 12.90%、11.81%、11.50%、11.10%、10.76%,已进入严重老龄化阶段,全国仅有新疆、西藏、宁夏等少数几个地区的人口老龄化系数小于 7%,人口老龄化程度较轻。中国各地区的人口老龄化系数在短短 12 年内普遍迅速上升,人口老龄化现象已较为普遍。[③]

另外,分地区来看人口老龄化现象,会发现不同地区的人口老龄化程度差异较大。通过分析 2000 年第五次全国人口普查的数据可以发现,全国 65 岁及以上老年人口占比为 7.10%,其中,排前五名的分别是上海、浙江、江苏、北京和天津,占比依次是 11.46%、8.92%、8.84%、8.42% 以及 8.41%,这些省份和直辖市都在我国东部地区。排名靠后的五个省份和自治区均位于我国西部地区,分别是甘肃、西藏、新疆、青海和宁夏,占比依次是 5.20%、4.75%、4.67%、4.56%

① 王美华. 医防相融 托起健康夕阳红[N]. 人民日报海外版,2021-03-16(10).
② 王禹欣. 共建养老服务网,让老有所依[N]. 光明日报,2023-05-26(2).
③ 蔡远飞,李凤. 中国人口老龄化区域差异与收敛性研究[J]. 南方人口,2016,31(2):51.

和 4.47%。①

2010 年的第六次全国人口普查结果显示,人口老龄化"东高西低"的特征发生了变化:65 岁及以上老年人口占总人口的 8.92%,人口老龄化程度最高的前三位是重庆、四川、江苏,其占比依次是 11.72%、10.95%、10.88%;人口老龄化程度排在后三位的分别是宁夏、青海以及西藏,老年人口比重依次为 6.39%、6.30% 以及 5.09%。② 按地区来分析,老年人口比重最高的三个地区依次是华东、华中、西南,老年人口比重最低的三个地区由低到高依次是西北、东北、华南,居中的是华北。之所以会出现这样的分布,除了与各地区的自然环境、居住情况等有关外,还与当地的经济发展水平有关。此外,人口老龄化程度最低的华南地区 65 岁及以上老年人口比重已超过 7%,说明从地区上来看,中国各地区均已经进入老龄化社会。

2020 年的第七次全国人口普查数据显示,各省、自治区、直辖市的人口老龄化程度普遍提高,同时地区差异更加明显,呈现以东三省和川渝为两个高点,东高西低、北高南低的形态,辽宁、吉林、黑龙江、重庆、四川、上海、江苏、山东、安徽、湖南、天津和湖北等 12 个省和直辖市已进入深度老龄化阶段。其中,辽宁 65 岁及以上老年人口比重已达到 17.42%,位居全国第一,吉林和黑龙江也已超过 15%,均为 15.61%。③

## 2.3.3　经济发展水平与人口老龄化发展速度总体上不同步

2000 年,第五次全国人口普查数据显示,中国正式步入老龄化社会,城乡居民人均可支配收入不到 4000 元,在当时属于中等偏低收入国家。2010 年第六次全国人口普查时,中国老年人口比重达到 8.92%,城乡居民人均可支配收入超过 10000 元。2020 年,中国老年人口比重为 13.52%,城乡居民人均可支配收

　①　国务院人口普查办公室,国家统计局人口和社会科技统计司.中国 2000 年人口普查资料[M].北京:中国统计出版社,2002:582-583.

　②　国务院人口普查办公室,国家统计局人口和就业统计司.中国 2010 年人口普查资料[M].北京:中国统计出版社,2012:286.

　③　国务院第七次全国人口普查领导小组办公室.中国人口普查年鉴 2020[DB/OL].[2023-04-27].http://www.stats.gov.cn/sj/pcsj/rkpc/7rp/zk/indexch.htm.

入超过 30000 元。总体上看,中国经济发展水平慢于人口老龄化发展速度。

### 2.3.4 人口老龄化存在城乡倒置现象

从理论上而言,经济越发达的地区,人口老龄化程度越高,即人口老龄化发展程度与当地经济发展水平呈正相关。然而,中国人口老龄化的实际情况与理论相反,人口老龄化存在城乡倒置现象,经济发展水平较低的农村人口老龄化程度却高于城市。另外,从人口出生率来看,出于种种原因,农村的人口出生率一般高于城市,所以,农村的人口老龄化程度也应低于城市,但该结论也与我国事实情况相反。1993 年,城市的老年人口比重高于农村老年人口比重 0.47 个百分点,分别为 6.39% 和 5.92%;1995 年,农村的老年人口比重与城市接近,农村为 6.68%,城市为 6.96%。[①] 目前,我国农村的人口老龄化程度明显高于城镇,"乡村 60 周岁及以上、65 周岁及以上老年人口占乡村总人口的比重分别为 23.81%、17.72%,比城镇 60 周岁及以上、65 周岁及以上老年人口占城镇总人口的比重分别高出 7.99 个百分点、6.61 个百分点"[②]。此外,"2020 年,城市和镇共有 1.43 亿老年人口,乡村有 1.21 亿老年人口。……城市和镇的老年人口总数首次超过乡村,这主要是由于中国的城镇化进程在不断加速。就比重而言,乡村老龄程度高于城市和镇,且城乡差距呈现扩大趋势。……2020 年城市和镇的老年人口占比分别为 15.54% 和 16.40%,而乡村老年人口占比远远高于城市和镇,达到 23.81%,相当于约每 4 个人中就有 1 个老年人"[③]。

农村人口老龄化程度高于城市的主要原因在于农村大量劳动力人口向城市移动,导致农村劳动人口大量减少,老年人口比重增加,同时,劳动人口的涌入降低了城市的人口老龄化程度。

短期内,人口老龄化的城乡倒置现象在中国并不会消失。

---

① 李辉,王瑛洁.中国人口老龄化城乡倒置现象研究[J].吉林大学社会科学学报,2012,52(1):155.

② 老龄健康司.2020 年度国家老龄事业发展公报[R/OL].(2021-10-15)[2022-08-17].http://www.nhc.gov.cn/lljks/pqt/202110/c794a6b1a2084964a7ef45f69bef5423.shtml.

③ 杨涵墨.中国人口老龄化新趋势及老年人口新特征[J].人口研究,2022,46(5):106.

## 2.3.5　其他特征

（1）从"未备先老"到"有备安老"

2009 年，穆光宗提出"未备先老"的概念，以概括我国人口老龄化面临的挑战和特点。[①] 对此，原新也指出，"面对急速的人口老龄化，无论是养老、医疗，还是长期照料服务和公共资源分配等社会管理和社会政策体系，都处在'未备先老'状态"[②]。

对于人口老龄化，不能"不备"，必须"有备"。在《人口生态重建》一书中，穆光宗强调：老龄化不可怕，可怕的是没有准备好。为此他提出了五大方面的准备问题，即生态准备、健康准备、生育准备、物质准备和文化准备。[③]

谭睿通过分析第六次和第七次全国人口普查数据得出结论：由于我国人口基数大、人口老龄化速度快，2010—2020 年，虽然中国老年人口失能率呈下降趋势，由 2.96% 下降至 2.34%，但是失能老人的绝对数量呈增长趋势，由 523 万人增加到 618 万人。[④] 此外，2015 年的第四次中国城乡老年人生活状况抽样调查显示，空巢老人人数已突破 1 亿。[⑤] 穆光宗和张团认为，"老龄化与少子化、空巢化、残疾化和无偶化结合在一起，最后导致了一些老年人的老无所依、老难所养，……他们是最需要关注关怀关心的弱势群体和奉献群体"[⑥]。所以，面对此种情况，我们应积极倡导并实现有保障的人口老龄化，为未来的老龄化社会减轻负担。

---

① 穆光宗. 人口生态重建[M]. 北京：中国科学技术出版社，2016：139-141.

② 原新. 未备先老 未富先老：人口老龄化对我国经济社会发展的挑战[N]. 中国社会科学报，2011-11-03(A06).

③ 穆光宗. 人口生态重建[M]. 北京：中国科学技术出版社，2016：140-141.

④ 谭睿. 中国老年人口失能状况及变化分析：基于第六次、第七次全国人口普查数据[J]. 卫生经济研究，2023，40(3)：6-11.

⑤ 李晓婷. "空巢"不"空心"，超 1 亿空巢老人如何老有颐养、老有所乐？[EB/OL]. (2021-10-14)[2022-05-10]. https://www.gov.cn/xinwen/2021-10/14/content_5642591.htm.

⑥ 穆光宗，张团. 我国人口老龄化的发展趋势及其战略应对[J]. 华中师范大学学报(人文社会科学版)，2011，50(5)：30.

（2）女性高龄老年人口的比重高于男性

闫萍和王娟芬通过比对和分析历次全国人口普查数据发现,在第五次全国人口普查中,"女性高龄老年人口规模为744.5万人,比男性高龄老年人口多289.8万人,在高龄老年人口中的比重比男性高24.2个百分点"。在第六次全国人口普查中,"女性高龄老年人口规模增长到1221.5万人,比男性高龄老年人口多344.0万人,在高龄老年人口中的比重比男性高16.4个百分点"。在第七次全国人口普查中,"女性高龄老年人口规模增长到2054.4万人,比男性高龄老年人口多528.6万人,在高龄老年人口中的比重比男性高14.8个百分点"。[①]

（3）高龄化现象凸显

高龄化是中国人口老龄化的重要特征之一。2000—2018年,我国低龄老年人口、中龄老年人口和高龄老年人口[②]在总人口中的占比分别从6.16%、3.34%、0.95%上升到10.73%、5.03%、2.12%。[③] 其中,高龄老年人口的平均增速最快。随着生育高峰出生的人口相继进入高龄期,未来老年人口年龄结构的高龄化现象将逐渐凸显。2020年,80岁及以上高龄老年人口占总人口比重达到2.54%,在60岁及以上老年人口中占比达13.56%,同时,高龄老年人口的绝对规模也在不断扩大,2020年已达3580万人,低龄老年人口虽仍占多数,但比重正缓慢下降。[④]

---

① 闫萍,王娟芬.中国女性高龄老年人口的特征差异及变动趋势:基于第七次全国人口普查数据的分析[J].山东女子学院学报,2023(2):29.

② 在对老年人口进行研究时,通常将60—69岁的老年人口称作低龄老年人口,将70—79岁的称作中龄老年人口,将80岁以上的称作高龄老年人口。

③ 根据《中国2000年人口普查资料》《中国人口和就业统计年鉴2019》的全国分年龄、性别人口相关数据计算得出。(国务院人口普查办公室,国家统计局人口和社会科技统计司.中国2000年人口普查资料[M].北京:中国统计出版社,2002:571-572.国家统计局人口和就业统计司.中国人口和就业统计年鉴2019:汉英对照[M].北京:中国统计出版社,2019:65-66.)

④ 杨涵墨.中国人口老龄化新趋势及老年人口新特征[J].人口研究,2022,46(5):105-106.

(4) 人口老龄化与城镇化进程相互叠加

中国人口老龄化呈现出独特之处,即人口老龄化与城镇化进程相互叠加。未来,中国人口老龄化加速发展的同时,城镇化进程也将同步高速发展。

《中国发展报告 2020:中国人口老龄化的发展趋势和政策》将 2019—2050 年间中国的城镇化进程大致划分为两个阶段:第一个阶段是 2019—2036 年,预计城镇人口规模将从 8.26 亿增至 10.47 亿;第二个阶段是 2037—2050 年,预计城镇人口将从 10.44 亿降至 10.13 亿,净减少 0.31 亿人。报告认为,人口老龄化伴随大规模的城乡人口流动,将给城镇发展带来极大挑战。同时,在城镇化进程中,老年人将脱离原有的熟人社会,进入城镇中的生人社会,导致个体的碎片化、原子化。这将会给老年人的社会参与带来严峻考验。①

## 2.4　中国人口老龄化趋势

20 世纪 50 年代到 70 年代,中国人口出现逆老龄化现象,人口年龄结构呈现年轻化的特征。第四次全国人口普查到第五次全国人口普查间的 10 年,是中国老年人口增长较为迅速的 10 年。60 岁及以上的老年人口数增加了 4103 万人,平均每年增加 410 万人,占总人口的比例增长了 1.97%,平均每年增长 0.20%;65 岁及以上的老年人口增加 2432 万人,平均每年增加 243 万人,占总人口的比例增长了 1.39%,平均每年增长 0.14%。②此外,2020 年我国 60 岁及以上人口已达 2.64 亿,占总人口的 18.70%,与 2010 年相比,60 岁及以上人口、65 岁及以上人口占总人口的比重分别上升 5.44 和 4.63 个百分点。预计"十四五"时期,我国老年人口从 2022 年开始每年将增加超过 1000 万,"十四五"时期共增加 5300 万。③

表 2.6 为联合国经济和社会事务部人口司对未来中国人口老龄化状况的

---

① 中国发展研究基金会.中国发展报告 2020:中国人口老龄化的发展趋势和政策[M].北京:中国发展出版社,2020:3-15.

② 唐钧,刘蔚玮.中国老龄化发展的进程和认识误区[J].北京工业大学学报(社会科学版),2018,18(4):13.

③ 田晓航.我国老年人口抚养比为 19.70%[EB/OL].(2021-10-20)[2023-04-30].www.mzyfz.com/html/1640/2021-10-20/content-1525977.html.

预测数据。经测算,中国人口的快速老龄化时期可能出现在 2030—2040 年这 10 年间。2040 年,中国 60 岁及以上老年人口比重将比 2030 年时增长 7.5 个百分点,2040—2050 年,60 岁及以上老年人口比重增速将比 2030—2040 年这 10 年的增速低大约 1.5 个百分点,但是 2050 年 60 岁及以上老年人口比重仍将超过 38%,增速依然很明显。

到 2050 年,虽然老年人口比重增速将有所下降,但 60 岁及以上老年人口比重已高于 38%。2050—2060 年,老年人口比重大约增长 3.5 个百分点。2080 年,60 岁及以上老年人口比重将达到最高,为 48.0%。从表中可以看出,从 2030 年到 2050 年,中国的人口老龄化将呈现飞速发展的趋势。2050 年以后,60 岁及以上老年人口比重增速放缓较明显,2080—2090 年,60 岁及以上老年人口比重开始呈下降趋势。这 10 年,老年人口比重降幅大约为 0.5 个百分点。从表 2.6 可以看出,2090 年后,60 岁及以上的老年人口比重基本不再变化。

此外,通过表 2.6 可以看出,70 岁及以上和 80 岁及以上的老年人口比重在 2030 年以后变化明显。其中,70 岁及以上的老年人口比重在 2030—2040 年间增长 6 个百分点。从 2040 年之后,一直到 2080 年,70 岁及以上老年人口比重增速都呈现下降的趋势。2080—2090 年这 10 年呈现反弹趋势,70 岁及以上老年人口比重比前 10 年增长大约 4 个百分点,之后的 10 年呈现快速下降的趋势,甚至出现了负增长。80 岁及以上的高龄老年人口比重增速在 2040—2050 年、2060—2070 年、2090—2100 年均出现上升趋势,尤其在 21 世纪的最后 10 年间,增速较快。

表 2.6　未来中国人口老龄化状况预测表

| 年份 | 老年人口比重/% | | | 比前 10 年增长百分点 | | |
|------|---------|---------|---------|---------|---------|---------|
| | 60 岁及以上 | 70 岁及以上 | 80 岁及以上 | 60 岁及以上 | 70 岁及以上 | 80 岁及以上 |
| 2030 | 25.0 | 12.0 | 3.0 | — | — | — |
| 2040 | 32.5 | 18.0 | 6.0 | 7.5 | 6.0 | 3.0 |
| 2050 | 38.5 | 23.0 | 10.0 | 6.0 | 5.0 | 4.0 |
| 2060 | 42.0 | 27.5 | 12.5 | 3.5 | 4.5 | 2.5 |
| 2070 | 44.0 | 30.0 | 16.5 | 2.0 | 2.5 | 4.0 |
| 2080 | 48.0 | 32.0 | 17.5 | 4.0 | 2.0 | 1.0 |

续表

| 年份 | 老年人口比重/% | | | 比前 10 年增长百分点 | | |
|---|---|---|---|---|---|---|
| | 60 岁及以上 | 70 岁及以上 | 80 岁及以上 | 60 岁及以上 | 70 岁及以上 | 80 岁及以上 |
| 2090 | 47.5 | 36.0 | 18.5 | −0.5 | 4.0 | 1.0 |
| 2100 | 47.5 | 35.0 | 23.0 | 0 | −1.0 | 4.5 |

资料来源:根据联合国经济和社会事务部人口司《世界人口展望 2022(网络版)》计算并整理。

注:表中数据均为预测数据。

# 第3章 老龄化背景下开发老年消费市场的重要性研究

## 3.1 中国消费市场现状

### 3.1.1 消费是中国国内生产总值的主要影响因素

近年来我国居民消费势头强劲,全世界有目共睹。消费和其他因素一起,共同推动中国国内生产总值的增长。拥有全球第二大消费市场,是中国经济发展的优势之一。根据表3.1数据计算可得,2003—2022年,中国最终消费支出对国内生产总值增长的贡献率均值为50.07%,由此可见,在发挥消费的基础性作用方面我国还有较大的发展空间。因此,为扩大消费市场,应进一步完善消费政策,营造良好消费环境,开拓新的消费增长点。

表 3.1 2003—2022 年最终消费支出对国内生产总值增长贡献率[1]

单位:%

| 指标 | 2003 年 | 2004 年 | 2005 年 | 2006 年 | 2007 年 | 2008 年 | 2009 年 | 2010 年 | 2011 年 | 2012 年 |
|------|---------|---------|---------|---------|---------|---------|---------|---------|---------|---------|
| 贡献率 | 36.1 | 42.9 | 56.8 | 43.2 | 47.9 | 44.0 | 57.6 | 47.4 | 65.7 | 55.4 |
| 指标 | 2013 年 | 2014 年 | 2015 年 | 2016 年 | 2017 年 | 2018 年 | 2019 年 | 2020 年 | 2021 年 | 2022 年 |
| 贡献率 | 50.2 | 56.3 | 69.0 | 66.0 | 55.9 | 64.0 | 58.6 | -6.8 | 58.3 | 32.8 |

---

① 国家统计局.最终消费支出对国内生产总值增长贡献率[DB/OL].[2023-04-30]. https://data.stats.gov.cn/ easyquery.htm? cn=C01&zb=A020A&sj=2022.

充分利用人口优势和消费市场优势,有助于释放经济长期增长的潜能,有效拉动经济稳步增长。随着时代的发展,为了满足居民多样化消费需求,我们需要加快推动消费结构升级,逐步实现由物质型消费向服务型消费的转变,且更加注重消费的质量。

表 3.2　2013—2022 年三大需求对国内生产总值增长的贡献率①

单位:%

| 指标 | 2013 年 | 2014 年 | 2015 年 | 2016 年 | 2017 年 | 2018 年 | 2019 年 | 2020 年 | 2021 年 | 2022 年 |
|---|---|---|---|---|---|---|---|---|---|---|
| 最终消费支出 | 50.2 | 56.3 | 69.0 | 66.0 | 55.9 | 64.0 | 58.6 | -6.8 | 58.3 | 32.8 |
| 资本形成总额 | 53.1 | 45.0 | 22.6 | 45.7 | 39.5 | 43.2 | 28.9 | 81.5 | 19.8 | 50.1 |
| 货物和服务净出口 | -3.3 | -1.3 | 8.4 | -11.7 | 4.7 | -7.2 | 12.6 | 25.3 | 21.9 | 17.1 |

如表 3.2 所示,通过比较最终消费支出、资本形成总额及货物和服务净出口对国内生产总值增长的贡献率可以看出,自 2013 至 2022 年,在拉动国内生产总值增长的"三驾马车"中,消费已经逐渐替代投资,成为主导。从经济结构的总体布局来看,消费已成为经济平稳运行的"压舱石"。

## 3.1.2　人均国内生产总值增长是消费扩容的重要支撑

从长周期视角来看,人口增长、年龄结构、收入结构、消费理念、科技创新等因素均对消费长周期质的改变起到主导作用。人均国内生产总值稳步增长,为国内消费市场的平稳发展奠定了坚实的基础。同时,随着人口老龄化时代的到来,国内消费市场在医疗养老、育儿等方面的发展空间也会越来越大。

---

① 国家统计局. 三大需求对国内生产总值增长的贡献率和拉动 [DB/OL]. [2023-04-30]. https://data. stats. gov. cn/ easyquery. htm? cn=C01&zb=A020A&sj=2022.

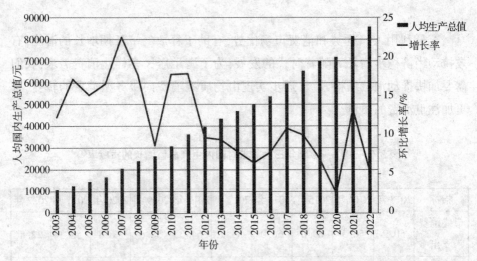

图 3.1 2003—2022 年中国人均国内生产总值及环比增长率①

注:根据历年数据整理。

　　如图 3.1 所示,2022 年中国人均国内生产总值为 85698 元②,2003—2022 年,中国人均国内生产总值逐年增长,其中,2003—2012 年平均增长率为 15.46%,2013—2022 年为 8.02%。人均国内生产总值的不断增长,为我国国内市场的消费扩容提供了有力的支持。同时,为了全面建成社会主义现代化强国,国家出台一系列政策,不断加大基础设施建设和重大项目建设力度。中国的基础设施建设日趋完善,多数消费品行业相对成熟,在以内循环为主的经济环境下,可以在降低生产和物流成本的前提下满足国内居民的消费需求,这就意味着中国居民的消费水平在未来可能会进一步增长。

### 3.1.3 消费转型,医疗健康成为新的消费增长点

　　世界卫生组织和世界银行联合发布的《全民健康覆盖情况追踪:2017 年全

---

　　① 国家统计局. 人均国内生产总值[DB/OL]. [2023-04-30]. https://data. stats. gov. cn/easyquery. htm? cn=C01&zb=A0201&sj=2022.

　　② 2012 年的人均国内生产总值大约是 2003 年的 3.73 倍,2022 年的人均国内生产总值大约是 2013 年的 1.97 倍。

球监测报告》显示,中国的医疗卫生服务覆盖指数为 76。20 世纪 80 年代以来,中国经济总体发展较快,在医疗卫生方面的投入逐年增加。国家统计局数据显示,2013—2021 年,中央财政的卫生健康支出从 8279.90 亿元[①]增长至 19142.68 亿元[②],占中央财政支出总额的比例由 5.91% 提高到 7.79%。

随着经济的发展,居民消费结构不断优化升级,由传统的生存型、物质型消费转变为发展型、服务型消费。随着中国人均可支配收入的稳步增长,居民对消费市场必然提出更高要求,同时,人口老龄化的快速发展,也会使人们对经济医疗、养老提出更高要求。这些要素都将为经济内循环注入新的动力。

随着人民生活水平的提高和健康意识的增强,中国的健康消费市场发展空间被逐步打开。2023 年 2 月 28 日,国家统计局发布的《中华人民共和国 2022 年国民经济和社会发展统计公报》显示,2022 年全国居民人均医疗保健消费支出为 2120 元。[③] 2014—2022 年,中国居民人均医疗保健消费支出呈增长态势。此外,中国人均医疗保健消费支出在 2014—2019 年逐年增加,2020 年小幅回落后,2021 年和 2022 年均实现不同幅度上升。国家统计局发布的《中国统计年鉴 2021》显示,全国人均医疗保健消费支出排名前十的地区分别为北京、上海、天津、辽宁、重庆、陕西、湖南、吉林、黑龙江和江苏,其中北京居民人均医疗保健消费支出位居全国首位,为 3513.3 元。[④]

## 3.1.4　释放消费动能,解决城乡消费不均衡问题

由于中国城乡经济发展不平衡,所以城乡居民在消费需求方面表现出较大的异质性。20 世纪 80 年代以来,中国加速推进城镇化进程,1980—2020 年,城

---

① 中华人民共和国国家统计局. 中国统计年鉴 2014:汉英对照[M].北京:中国统计出版社,2014:192.

② 国家统计局. 中国统计年鉴 2022:汉英对照[M]. 北京:中国统计出版社,2022:211.

③ 国家统计局. 中华人民共和国 2022 年国民经济和社会发展统计公报[R/OL].(2023-02-28)[2023-06-10]http://www. stats. gov. cn/sj/zxfb/202302/ t20230228_1919011. html.

④ 国家统计局. 中国统计年鉴 2021:汉英对照[M]. 北京:中国统计出版社,2021:192.

镇化率①从 19.39% 提高到 63.89%,2021 年为 64.72%,2022 年则为 65.22%。加强城乡协同发展,有助于最大限度实现劳动、资本等要素的流通,缩小城乡居民在消费偏好、消费层次与消费质量要求等方面的差异,从而为建立全国统一大市场,促进经济内循环的良性发展提供保障。

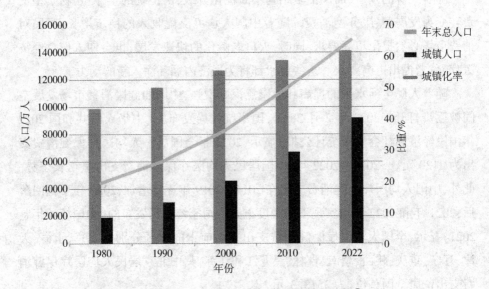

图 3.2　1980—2022 年中国城镇化进程趋势②

资料来源:整理 1980 年、1990 年、2000 年、2010 年和 2022 年相关数据得出。

从图 3.2 可看出,1980—2022 年,中国稳步推进城镇化,城镇化率增长较快。尤其是 2010—2022 年,中国城镇人口增加约 2.51 亿,城镇化率提高了15.27 个百分点。目前中国城镇化率处于全球中等偏上水平,与中国人均国内生产总值处于全球中等偏上水平保持一致。伴随我国经济和社会的不断发展,以及各项政策的不断完善,中国城镇化水平有望继续提高。

中国逐步推进城镇化进程的同时,流动人口也处于高速增长态势,其中人

---

①　城镇化率(也叫城市化率),是衡量城市化发展程度的指标,一般用一定区域内城镇人口占总人口的比例来表示。

②　国家统计局.人口普查人口基本情况[DB/OL].[2023−04−30].https://data.stats. gov.cn/easyquery.htm?cn=C01&zb=A0301&sj=2022.

口乡城迁移成为中国城镇化进程的主要推动力。2021 年 5 月初,第七次全国人口普查数据公布,其中包含了截至 2020 年的流动人口统计数据。2020 年流向城镇的流动人口为 3.31 亿人,占全部流动人口的比重高达 88.12%,其中从乡村流向城镇的人口为 2.49 亿人。[①] 流向城镇化率较高地区的流动人口比重也相对较高。东部地区得益于区域优势,吸纳跨省流动人口 9181 万人,占比 73.54%,显著高于其他地区;西部地区吸纳流动人口 1880 万人,占比 15.06%,仅次于东部地区;中部地区吸纳 955 万人,东北地区吸纳 468 万人,两者合计占比 11.40%。[②] 同时,我们应看到,中国户籍人口城镇化率与常住人口城镇化率存在差异。2022 年,《"十四五"新型城镇化实施方案》中提到,到 2025 年,中国户籍人口城镇化率与常住人口城镇化率的差距将明显缩小。

城镇化进程必然伴随生产要素的集聚,有助于提高工业和服务业的发展效率,从而促进消费的扩容升级。从中国各省数据来看,城镇化率与消费能力往往成正比。浙江、天津、广东、江苏、福建和重庆等 6 个省和直辖市的居民人均消费支出超过全国平均水平,以上地区的城镇化率在 2022 年都超过了 65%。

由此可见,城镇化进程的推进为中国经济发展带来较大内需增长潜力,同时,城镇化、都市圈的建设能够产生集聚效应,提高全要素生产率,有效提升供给端效率,推进产业链现代化水平提升,从而让经济步入良性循环。

## 3.1.5 挖掘中西部地区市场潜能,解决区域消费不平衡问题

我国居民消费水平差异体现为区域间发展不均衡。如表 3.3 所示,比较不同地区个人消费支出可以发现,东部地区居民人均消费支出约为 3.19 万元,远高于其他地区;东北地区人均消费支出约为 2.13 万元,居第二位,但与东部地区差距较大;中部地区和西部地区分别约为 2.07 万元和 1.95 万元,与东北地

---

① 国家统计局.第七次全国人口普查主要数据结果新闻发布会答记者问[EB/OL].(2021-05-11)[2022-04-27]. http://www.stats.gov.cn/sj/sjjd/202302/ t20230202_1896483. html.

② 国家统计局.第七次全国人口普查主要数据结果新闻发布会答记者问[EB/OL].(2021-05-11)[2022-04-27]. http://www.stats.gov.cn/sj/sjjd/202302/ t20230202_1896483. html.

区差距相对较小。由此可以看出,中国不同区域的居民消费水平差异较大,区域间消费水平不平衡问题亟待解决。中国西部地区地广人稀,土地面积约占国土面积的71%,人口约占全国总人口的27%,自然资源丰富,人口和资源优势明显。加快西部地区发展有助于扩大中国的消费需求,使中国经济发展的内循环更加畅通。

表3.3　2021年分地区人均消费支出与人均地区生产总值①

单位:万元

| 区域 | 省、自治区、直辖市 | 人均消费支出 | 人均消费支出平均值 | 人均地区生产总值 | 人均地区生产总值平均值 |
|---|---|---|---|---|---|
| 东部地区 | 北京 | 4.36 | | 18.40 | |
| | 上海 | 4.89 | | 17.36 | |
| | 广东 | 3.16 | | 9.83 | |
| | 浙江 | 3.67 | | 11.30 | |
| | 江苏 | 3.15 | 3.19 | 13.70 | 11.36 |
| | 天津 | 3.32 | | 11.37 | |
| | 河北 | 2.00 | | 5.42 | |
| | 福建 | 2.84 | | 11.69 | |
| | 山东 | 2.28 | | 8.17 | |
| | 海南 | 2.22 | | 6.37 | |
| 中部地区 | 山西 | 1.72 | | 6.48 | |
| | 安徽 | 2.19 | | 7.03 | |
| | 江西 | 2.03 | 2.07 | 6.56 | 6.93 |
| | 河南 | 1.84 | | 5.94 | |
| | 湖北 | 2.38 | | 8.64 | |
| | 湖南 | 2.28 | | 6.94 | |

① 国家统计局.中国统计年鉴2022[DB/OL][2023-06-30].http://www.stats.gov.cn/sj/ndsj/2022/indexch.htm.

续表

| 区域 | 省、自治区、直辖市 | 人均消费支出 | 人均消费支出平均值 | 人均地区生产总值 | 人均地区生产总值平均值 |
|---|---|---|---|---|---|
| 西部地区 | 内蒙古 | 2.27 | | 8.54 | |
| | 广西 | 1.81 | | 4.92 | |
| | 重庆 | 2.46 | | 8.69 | |
| | 四川 | 2.15 | | 6.43 | |
| | 贵州 | 1.80 | | 5.08 | |
| | 云南 | 1.89 | 1.95 | 5.77 | 6.23 |
| | 西藏 | 1.53 | | 5.68 | |
| | 陕西 | 1.93 | | 7.54 | |
| | 甘肃 | 1.75 | | 4.10 | |
| | 青海 | 1.90 | | 5.64 | |
| | 宁夏 | 2.00 | | 6.25 | |
| | 新疆 | 1.90 | | 6.17 | |
| 东北地区 | 黑龙江 | 2.06 | | 4.73 | |
| | 吉林 | 1.96 | 2.13 | 5.55 | 5.59 |
| | 辽宁 | 2.38 | | 6.50 | |

同时,由表 3.3 可以看出,目前西部地区的人均地区生产总值低于东部地区和中部地区,高于东北地区。西部地区部分省和自治区的经济增长速度高于全国平均水平,西部地区经济增长的后发优势逐步显现。2021 年,中国人均国内生产总值为 80976 元,除重庆和内蒙古外,西部地区的其余 10 个省和自治区的人均地区生产总值均位于平均水平以下。在全国人均地区生产总值低于 5 万元的 3 个省和自治区中,西部地区的广西和甘肃占据两席。提升内需拉动经济增长是当前的现实需要,在此背景下,自然资源丰富的西部地区已成为我国经济的新增长点,因此,我国需要借助制度优势和政策优势,进一步推动新发展阶段的西部大开发战略。

### 3.1.6 新消费业态释放内需潜力

目前,中国居民线下消费的积极性不断下降,各类新消费模式迅速发展,传统的线下零售模式被逐步取代。同时,各类新消费业态逐步呈现,线上零售线下配送、在线教育、供应链整合和渠道营销等创新消费模式快速发展,使得消费场景得以拓展,从而促进了国内消费品市场的均衡发展。一些产业实现"云销售",消费者实现"云购物",直播电商发展势头正旺。此类消费模式性价比高,有助于挖掘消费潜力,拉动经济增长。居民线上娱乐需求增加,而各类在线阅读、在线音乐等线上娱乐产业的发展,有利于释放居民消费需求,释放内需潜力。

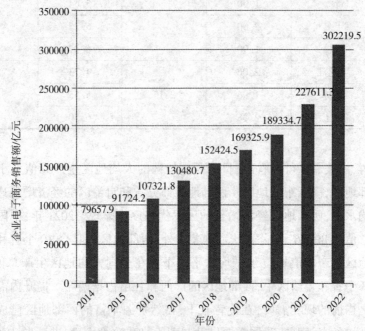

图 3.3 2014—2022 年企业电子商务销售额增长趋势①

———————————

① 国家统计局. 企业电子商务销售额[DB/OL]. [2023-06-30]. https://data.stats. gov. cn/easyquery. htm? cn=C01&zb= A0A01&sj=2022.

根据图 3.3 所示,2014—2022 年,中国企业电子商务销售额逐年上升,从 79657.9 亿元增长至 302219.5 亿元。2022 年,电子商务发展势头强劲,企业电子商务销售额首次突破 30 万亿大关,电子商务成为经济增长的新引擎。目前,电子商务销售额占中国零售市场销售总额的比重已经超过 60%。2022 年,中国实体店销售额呈下降趋势,与之相反,电子商务销售额实现了增长。电子商务的发展有助于扩大内需,实现消费业态多样化,对拉动经济内循环起到重要作用。

## 3.2　老年消费将成为新的经济增长点

消费是发挥我国超大规模市场优势进行经济动力转换的关键。从长远看,消费既是经济发展的最终目标,又是经济发展的压舱石。消费对国家经济增长作用持久,影响巨大。当前我国正处于工业化中后期,消费仍存在很大升级空间。实践证明,在消费、投资、出口"三驾马车"当中,消费已经连续多年成为中国经济增长的第一拉动力。中国有人口规模庞大的内部市场和较为完善的工业品、消费品产业链,有能力建立内部产销一体化的供应链和消费市场。新型工业化、城镇化、信息化等趋势的快速发展,有望进一步提升居民消费能力,调整居民消费需求,同时,以消费结构变迁、质量提高、场景多元化为特征的消费升级,有望进一步挖掘中国市场的内需潜力。2022 年,中国居民人均消费支出为 24538 元[1],内需消费已成为经济发展的稳定器,并对促进经济发展起着不可替代的作用。2023 年 7 月 31 日,国家发展和改革委员会正式发布《关于恢复和扩大消费的措施》,提出 20 条促进消费的举措,旨在通过优化政策和制度设计,进一步满足居民消费需求,释放消费潜力。

"十四五"期间,中国将进入中度老龄化社会,随着经济的发展和人口结构的变化,老年消费将成为一个热门话题。首先,老年人的消费能力正在不断增强,市场潜力巨大。其次,老年人消费习惯的转变将为社会和经济发展带来新的机遇。最后,政府、企业等主体将不断从经济、文化、社会等各个方面支持和

---

① 国家统计局. 中华人民共和国 2022 年国民经济和社会发展统计公报 [R/OL]. (2023-02-28)[2023-06-10] http://www.stats.gov.cn/sj/zxfb/202302/ t20230228_1919011. html.

关注老年人的消费需求。伴随着老年人口规模的不断扩大,我国对老年人的重视程度越来越高。不断完善的福利政策,使老年人的收入稳步增长,消费能力也不断提高,银发经济①必然受到更多的关注,老年消费市场将是一个充满活力和潜力的市场。积极开拓老年消费市场,或将成为我国新的经济增长点。

## 3.3 老年消费市场对经济发展的重要性研究

人口老龄化已成为中国的基本国情,预计未来较长时间内不会发生改变。随着我国人口年龄结构的改变,消费结构、投资结构和产业结构必然产生相应变化,老年人的消费需求特征和消费水平将成为消费结构转型的关键。伴随中国的人口老龄化程度逐步加深,老年群体的消费需求逐步扩大,老年消费在整个社会消费中所占比重将逐步提高。大力发展银发经济,不仅可以满足老年人的消费需求、增进老年人的福祉,还可以有效扩大内需、促进经济增长。

### 3.3.1 大力发展老年消费市场有助于扩大内需和释放消费潜力

2022 年 4 月 25 日,国务院办公厅发布《国务院办公厅关于进一步释放消费潜力促进消费持续恢复的意见》,指出要"加力促进健康养老托育等服务消费",开发适合老年人消费的旅游、养生、生活照护等产品和服务。② 让老年人老有所养,满足老年人的多元需求,不仅是关系社会和谐稳定的"国之大事",而且有助于挖掘内需新空间,释放消费潜力,增强经济发展的活力与韧性,实现经济的持续稳定增长。

2022 年 2 月,《"十四五"国家老龄事业发展和养老服务体系规划》首次提

---

① 银发经济又称老年产业、老龄产业,指的是随着社会的人口老龄化发展而产生的专门为老年人提供产品和服务的产业。

② 国务院办公厅.国务院办公厅关于进一步释放消费潜力促进消费持续恢复的意见[R/OL].（2022-04-25）[2023-06-16]. https://www.gov.cn/zhengce/zhengceku/2022-04/25/content_5687079.htm.

出"大力发展银发经济"。① 国家统计局公布的人口数据显示,截至 2022 年底,中国 60 岁及以上人口约为 2. 80 亿人,占全国总人口的 19. 8%,其中 65 岁及以上人口约为 2. 10 亿人,占全国总人口的 14. 9%。② 随着"60 后"群体逐渐步入老年人行列,被称为"新老人"的他们表现出明显的群体特征,如普遍懂得科技、追求时尚、注重消费品质、乐于享受生活。随着科技进步和社会发展,老年人的综合素质不断提高,消费观念逐步更新,消费意愿更加强烈,消费能力进一步提高,需求结构也逐步从传统的生存型、物质型消费转向发展型、服务型消费。中国银发经济尚处于起步阶段,未来发展潜力巨大。

近年来,我国银发经济的发展一直较为迅速,越来越多的企业重视银发经济、涉足养老产业,主要集中在房地产行业、金融行业、医疗保健行业、信息技术行业、可选消费行业等。"同时保险公司也是进入养老产业的重要力量,其中部分业务拓展到金融保险,试图开展'保险+养老'的运营模式,……随着科技不断发展和消费升级带来的需求,更为智能化、多样化的养老需求也在不断给相关企业带来增量的空间,银发经济带来的商机不可估量。"③"新老人"一般身体相对健康,收入较为稳定,消费行为更加年轻化,对于消费的要求不再简单满足于基本的物质和生活保障。同时,随着互联网在老年人生活中的普及,银发经济逐步实现数字化消费升级。只有顺应潮流、与时俱进,才能有效开拓银发经济这一消费市场的新"蓝海"。

### 3. 3. 2　大力发展老年消费市场有助于增加企业主体数量

人口老龄化的快速发展,必然对社会和经济的发展产生深远影响。老年人的收入水平、资产负债比、健康状况和消费偏好正在影响消费结构和产业结构。

---

① 国务院.国务院关于印发"十四五"国家老龄事业发展和养老服务体系规划的通知[R/OL].（2022-02-21）[2023-06-16].https://www.gov.cn/zhengce/content/2022-02/21/content_5674844.htm.

② 国家统计局.中华人民共和国 2022 年国民经济和社会发展统计公报[R/OL].（2023-02-28）[2023-06-10]http://www.stats.gov.cn/sj/zxfb/202302/ t20230228_1919011.html.

③ 郭文琳.完善供给 优化环境 进一步激发银发消费市场活力[J].发展研究,2020（5）:42.

为应对人口老龄化,应考虑做好产业布局。目前,银发经济尚处于起步阶段,老年产业发展相对滞后,老年消费潜力尚待开发。老年产品和服务供给缺口大、规模小,专业化程度低,业态单一,标准化推广进程缓慢。根据供求关系原理,只有加大老年产业供给,才能满足老年群体消费增长需求,保持供需均衡,实现老年消费市场的良性发展。

近年来,我国政府不断出台相关政策,加大对养老产业的扶持力度,社会资本对银发经济的投资力度不断加大,从事老年产业的企业主体越来越多。只有增加企业主体数量、提高企业主体质量、提升企业主体活力,才能有效扩大生产、增加供给。银发经济必将带动大量相关产业发展,有效促进经济增长。

### 3.3.3 大力发展老年消费市场有助于促进新业态发展

《“十四五”国家老龄事业发展和养老服务体系规划》强调要“构建和完善兜底性、普惠型、多样化的养老服务体系”,“大力发展银发经济,推动老龄事业与产业、基本公共服务与多样化服务协调发展”,积极推进老年用品制造业和服务业加快升级转型。[①] 以数字化引领老年消费市场新业态,注重理念引领和融合发展,将“积极、健康”的老龄观融入智慧养老产业,在教育、文化、旅游、健康、医疗、旅居养老等领域融合发展新业态。中国银发经济未来将呈现三大创新趋势。

第一,互联网化加速,老年人口互联网普及率稳步提高。随着“60后”步入老龄阶段,中国老年网民数量逐年增长。2023 年 3 月 2 日,中国互联网络信息中心(CNNIC)发布的第 51 次《中国互联网络发展状况统计报告》显示,截至2022 年 12 月,中国共有 10.67 亿网民,比 2021 年 12 月增长 3549 万人,互联网普及率达 75.6%。其中,老年网民占网民总量的 14.3%,约为 1.53 亿人。第 49次《中国互联网络发展状况统计报告》显示,截至 2021 年 12 月,中国老年网民数量为 1.19 亿人,占网民总量的 11.5%,老年人口的互联网普及率为 43.2%。通过比较可以发现,2021—2022 年,仅一年的时间,老年网民的数量就增加了约

---

① 国务院.国务院关于印发“十四五”国家老龄事业发展和养老服务体系规划的通知[R/OL].(2022-02-21)[2023-06-16].https://www.gov.cn/zhengce/content/2022-02-21/content_5674844.htm.

3400 万人。

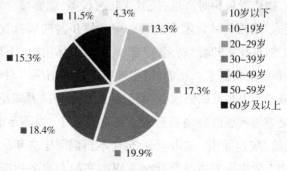

（a）2021 年网民年龄结构

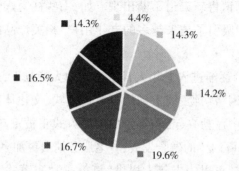

（b）2022 年网民年龄结构

**图 3.4　2021—2022 年中国网民年龄结构**

　　数据来源：第 49 次《中国互联网络发展状况统计报告》、第 51 次《中国互联网络发展状况统计报告》

　　由图 3.4 可以看出，2021 年中国老年网民占比仅高于 10 岁以下年龄段，而低于其他年龄段。2022 年，老年网民占比超过了 20—29 岁年龄段，与 10—19 岁年龄段占比持平。与 2021 年相比，2022 年老年网民占比增长最快。

　　截至 2022 年底，中国 60 岁及以上的人口约为 2.8 亿人，老年网民数量约为 1.53 亿人，由此可得，老年人口互联网普及率为 54.64%。这也就意味着仍有约 1.27 亿老年人可能还没有接触互联网。老年网民主要由"新老人"构成，与传统老年人相比，他们的文化水平相对较高，更容易接受新鲜事物。"新老人"消费倾向年轻化，能够主动使用网络购买商品。

第二,新人群、新供给、新渠道,成为拉动银发经济新业态发展的"三驾马车"。相较于30后、40后的老年人,60后的"新老人"生于和平年代,成长环境相对安稳,物质资料相对富足,接触互联网较多,能够接受新观念。在消费观念上,"新老人"表现为从以家庭消费为中心逐步转向以自我消费为中心,他们更加独立,更加自我。随着"新老人"开始步入退休阶段,年龄和身份的转变促使他们产生新的消费需求。比如:因生理机能下降衍生出对药品、保健品、护理产品、康复辅具等消费品的需求;闲暇时间的增多与离开职场的落差衍生出旅游、文娱、社交等精神层面的消费需求。在此背景下,为满足老年消费市场的新需求,"新供给"应运而生。老年产业布局不再局限于老年康养、医疗护理等传统赛道,非刚需的生活类消费及社交文娱类产品和服务逐渐进入老年消费市场。同时,面向老年人的销售新渠道不断出现。如,一些社交媒体应用近几年开始聚焦老年消费市场,吸引了越来越多的老年用户,相关产品的内容生态也越来越丰富。

第三,在互联网逐渐进入老年人日常生活的大背景下,老年消费市场释放出巨大发展潜力。网络购物、线上到线下营销模式、文化体育娱乐服务等新业态在老年消费市场中蓬勃兴起,老年人的生活方式正被重新构建:创新服务模式,促进"养老服务+行业"的融合发展,养老服务消费更加多元化。养老服务消费的新业态、新模式,可以为老年人提供"订单式""点菜式"的便捷养老服务;智慧技术的运用,智慧应用场景的推出,有助于推动智慧养老和智慧健康消费;养老服务与文化、旅游、餐饮、体育、家政、教育、养生、健康、金融、房地产等产业的融合发展,有助于创新和丰富养老服务产业的新模式与新业态,拓展旅居养老、文化养老、健康养老、养生养老等新型消费领域。

随着经济发展和社会进步,老年人的消费习惯和消费意识正在发生变化,消费需求不断提升,消费能力不断增强,老年消费市场呈现出巨大的潜力和广阔的发展空间。未来,老年消费市场的发展重点将聚焦于健康养老消费、养老服务产业升级、旅游与休闲消费、数字化消费和智能产品消费等方面。

# 第4章 老龄化背景下中国老年人消费状况分析

## 4.1 中国居民总体消费状况

### 4.1.1 中国居民的收入状况

（1）居民可支配收入的构成

居民可支配收入指居民可用于最终消费支出和储蓄的总和,即居民可用于自由支配的收入。可支配收入包含四项:工资性收入①、经营净收入②、财产净收入③和转移净收入④。

（2）中国居民可支配收入的总体现状

第一,居民人均可支配收入稳步增长。居民人均可支配收入是反映居民收入水平的重要指标,可用于衡量居民的生活水平。如表 4.1 所示,2022 年中国

---

① 工资性收入指就业人员通过各种途径得到的全部劳动报酬和各种福利,包括受雇于单位或个人、从事各种自由职业、兼职和零星劳动得到的全部劳动报酬和福利。

② 经营净收入指住户或住户成员从事生产经营活动所获得的净收入,是全部经营收入中扣除经营费用、生产性固定资产折旧和生产税之后得到的净收入。

③ 财产净收入指住户或住户成员将其所拥有的金融资产、住房等非金融资产和自然资源交由其他机构单位、住户或个人支配而获得的回报并扣除相关的费用之后得到的净收入。

④ 转移净收入的计算公式为:转移净收入=转移性收入−转移性支出。其中,转移性收入指国家、单位、社会团体对住户的各种经常性转移支付和住户之间的经常性收入转移。转移性支出指住户对国家、单位、其他住户或个人的经常性或义务性转移支付。

居民人均可支配收入 36883 元,同比增长 2.9%。

表 4.1  2022 年全国居民人均可支配收入情况①

| 指标 | 收入/元 | 比上年增长/% |
|---|---|---|
| 居民人均可支配收入 | 36883 | 2.9 |
| 工资性收入 | 20590 | 4.9 |
| 经营净收入 | 6175 | 4.8 |
| 财产净收入 | 3227 | 4.9 |
| 转移净收入 | 6892 | 5.5 |

第二,城乡居民可支配收入差距缩小。分城乡(按常住地划分)看,农村居民收入增长速度大于城镇居民。如表 4.2 所示,2022 年中国农村居民人均可支配收入 20133 元,同比增长 4.2%,城镇居民人均可支配收入 49283 元,同比增长 1.9%。农村居民人均可支配收入增速比城镇居民高 2.3 个百分点,城乡居民可支配收入差距进一步缩小。

表 4.2  2022 年城乡居民人均可支配收入情况②③

| 指标 | 收入/元 | 比上年增长/% |
|---|---|---|
| 城镇居民人均可支配收入 | 49283 | 1.9 |
| 工资性收入 | 29578 | 3.9 |
| 经营净收入 | 5584 | 3.8 |
| 财产净收入 | 5238 | 3.7 |
| 转移净收入 | 8882 | 4.5 |
| 农村居民人均可支配收入 | 20133 | 4.2 |
| 工资性收入 | 8449 | 6.2 |
| 经营净收入 | 6972 | 6.2 |

---

① 国家统计局. 全国居民人均收入情况 [ DB/OL ]. [ 2022-09-15 ]. https://data. stats. gov. cn/easyquery. htm? cn = C01&zb = A0A01&sj = 2022.

② 国家统计局. 城镇居民人均收入情况 [ DB/OL ]. [ 2023-04-30 ]. https://data. stats. gov. cn/easyquery. htm? cn = C01&zb = A0A01&sj = 2022.

③ 国家统计局. 农村居民人均收入情况 [ DB/OL ]. [ 2023-04-30 ]. https://data. stats. gov. cn/easyquery. htm? cn = C01&zb = A0A01&sj = 2022.

续表

| 指标 | 收入/元 | 比上年增长/% |
|------|---------|--------------|
| 财产净收入 | 509 | 8.4 |
| 转移净收入 | 4203 | 6.8 |

（3）收入来源占可支配收入比重的比较

如表 4.1 所示：2022 年全国居民人均可支配工资性收入为 20590 元，占可支配收入的 55.8%；人均可支配经营净收入 6175 元，占比 16.7%；人均可支配财产净收入 3227 元，占比 8.7%；人均可支配转移净收入 6892 元，占比 18.7%。

首先，居民可支配工资性收入继续稳定增长。如表 4.1 所示，2022 年中国居民人均可支配工资性收入同比增长 4.9%。另据表 4.2，城镇居民人均可支配工资性收入 29578 元，同比增长 3.9%，农村居民人均可支配工资性收入 8449 元，同比增长 6.2%。随着乡村振兴战略的实施，县域经济持续发展，务工机会增多，农村居民人均可支配工资性收入水平增长率显著高于城镇居民。

其次，居民可支配经营净收入所占比重稳步提高。2022 年，全国居民人均可支配经营净收入 6175 元，同比增长 4.8%。城镇居民人均可支配经营净收入 5584 元，同比增长 3.8%；农村居民人均可支配经营净收入 6972 元，同比增长 6.2%。

最后，居民可支配财产净收入和转移净收入增长较快。近年来，居民消费意愿下降，储蓄意愿上升，财产净收入快速增长。同时，得益于城乡居民基础养老金标准的继续提高和医疗报销制度的进一步优化，居民转移净收入增长较快。如表 4.1 所示，2022 年中国居民人均可支配财产净收入 3227 元，同比增长 4.9%。

（4）按地区分组比较居民人均可支配收入

中国居民人均可支配收入在 2014—2020 年间总体呈现"南高北低、南快北慢"的特征。① 同时，东部和西部地区居民人均可支配收入仍存在较大差距。由表 4.3 经过计算可得：2021 年，东部地区居民人均可支配收入增长额为 3740.6元，增长率约 9.1%；中部地区增长额为 2497.6 元，增长率约 9.2%；西部地区增长额为 2382.4 元，增长率约 9.4%；东北地区增长额为 2251.5 元，增长率 8.0%。2021 年西部地区人均可支配收入增长率比东部地区高 0.3 个百分点，

① 刘华军,孙东旭,丁晓晓. 中国居民收入的南北差距分析[J]. 中国人口科学,2022(4):30.

比中部地区高 0.2 个百分点,比东北地区高 1.4 个百分点,西部地区与其他地区的居民人均可支配收入相对差距进一步缩小。2015 年以来,中部、西部地区居民人均可支配收入增长较快。与 2015 年相比,2021 年东部、中部、西部和东北地区居民人均可支配收入年均增长率分别为 9.9%、10.1%、10.8% 和 7.5%,西部地区居民人均可支配收入年均增速最快,东北地区年均增速最慢,这两个地区的年均增长率相差 3.3 个百分点。

表 4.3 全国居民按地区分组的人均可支配收入①

单位:元

| 组别 | 2015 年 | 2016 年 | 2017 年 | 2018 年 | 2019 年 | 2020 年 | 2021 年 |
|---|---|---|---|---|---|---|---|
| 东部地区 | 28223.3 | 30654.7 | 33414.0 | 36298.2 | 39438.9 | 41239.7 | 44980.3 |
| 中部地区 | 18442.1 | 20006.2 | 21833.6 | 23798.3 | 26025.3 | 27152.4 | 29650.0 |
| 西部地区 | 16868.1 | 18406.8 | 20130.3 | 21935.8 | 23986.1 | 25416.0 | 27798.4 |
| 东北地区 | 21008.4 | 22351.5 | 23900.5 | 25543.2 | 27370.6 | 28266.2 | 30517.7 |

(5)按收入五等份分组②比较居民人均可支配收入

由表 4.4 可以看出:2022 年低收入组家庭人均可支配收入 8601 元,同比增长 268 元,增长率为 3.2%,增长绝对值和增长幅度最小;中间偏下收入组家庭人均可支配收入 19303 元,同比增长 857 元,增长率为 4.6%,增长额和增长率仅高于低收入组家庭,位居第四位;中间收入组家庭人均可支配收入 30598 元,同比增长 1545 元,增长率为 5.3%,位居第二位;中间偏上收入组家庭人均可支配收入 47397 元,同比增长 2448 元,增长率为 5.4%,增长率在五组中是最高的,增长额居第二位;高收入组家庭人均可支配收入 90116 元,同比增长 4280 元,增长率为 5.0%,增长额居第一位。

---

① 国家统计局. 中国统计年鉴 2022[DB/OL]. [2023-04-30]. http://www. stats. gov. cn/sj/ndsj/ 2022/indexch. htm.

② 收入五等份分组是指将所有调查户按人均可支配收入水平从低到高顺序排列,平均分为五个等份,处于最低 20% 的收入群体为低收入组,依此类推依次为中间偏下收入组、中间收入组、中间偏上收入组、高收入组。

表 4.4　全国居民按收入五等份分组的人均可支配收入及增长情况①②

| 组别 | 人均可支配收入/元 | | | 增长率/% |
|---|---|---|---|---|
| | 2022 年 | 2021 年 | 增长额 | |
| 低收入组家庭 | 8601 | 8333 | 268 | 3.2 |
| 中间偏下收入组家庭 | 19303 | 18446 | 857 | 4.6 |
| 中间收入组家庭 | 30598 | 29053 | 1545 | 5.3 |
| 中间偏上收入组家庭 | 47397 | 44949 | 2448 | 5.4 |
| 高收入组家庭 | 90116 | 85836 | 4280 | 5.0 |

资料来源:根据《中国统计年鉴 2022》和国家统计局 2022 年度数据整理并计算。

注:2021 年数据已进行四舍五入。

（6）中国居民人均可支配收入基尼系数③相对稳定

由表 4.5 可以看出,2016—2022 年中国居民人均可支配收入基尼系数稳定在 0.465—0.468 之间,总体呈现稳定状态。为进一步降低基尼系数、优化消费结构,应积极优化产业结构,实施乡村振兴战略,增加居民收入,不断提高人民生活质量。

表 4.5　2016—2021 年全国居民人均可支配收入基尼系数④

| 指标 | 2016 年 | 2017 年 | 2018 年 | 2019 年 | 2020 年 | 2021 年 | 2022 年 |
|---|---|---|---|---|---|---|---|
| 居民人均可支配收入基尼系数 | 0.465 | 0.467 | 0.468 | 0.465 | 0.468 | 0.466 | 0.467 |

---

① 国家统计局.全国居民按收入五等份分组的收入情况[DB/OL].[2023-06-30]. https://data.stats.gov.cn/easyquery.htm? cn=C01&zb=A0A01&sj=2022.

② 国家统计局.中国统计年鉴 2022[DB/OL].[2023-04-30].http://www.stats.gov.cn/sj/ndsj/2022/indexch.htm.

③ 基尼系数是国际上用来综合考察居民内部收入分配差异状况的一个重要分析指标。一般认为,基尼系数小于 0.2 时,表示居民收入过于平均,0.2—0.3 之间时比较平均,0.3—0.4 之间时相对合理,0.4—0.5 时收入差距过大,当基尼系数达到 0.5 以上时,则表示收入差距悬殊。

④ 国家统计局.居民人均可支配收入基尼系数[DB/OL].[2023-06-30].https://data.stats.gov.cn/easyquery.htm? cn=C01&zb=A0A04&sj=2022.

### 4.1.2 中国居民消费支出状况

（1）中国居民消费支出概况

居民消费支出是指居民用于满足家庭日常生活消费需要的全部支出，既包括现金消费支出，也包括实物消费支出。随着中国经济的快速发展，居民收入不断增加，这为提高居民消费活力、扩大居民消费提供了资金保障。如图 4.1 所示，2016—2022 年，中国社会消费品零售总额由 31.58 万亿元稳步上升到 43.97 万亿元（2020 年略有下降），表现出中国消费市场的巨大潜力。

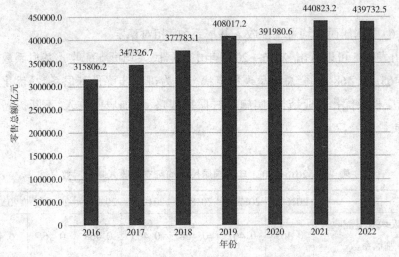

**图 4.1 2016—2022 年中国社会消费品零售总额①**

（2）中国城乡居民消费支出现状

如表 4.6 所示，2017—2019 年，中国城镇和农村居民人均消费支出都实现了快速增长，农村居民人均消费支出的增长率显著高于城镇居民，但两者仍存在一定差距。2020 年，全国居民人均消费支出总体出现大幅下降，城镇居民人均消费支出增长率为-6.0%，但农村居民人均消费支出增长率仅为-0.1%，显

---

① 国家统计局.社会消费品零售总额[DB/OL].[2023-06-30].https://data.stats.gov.cn/easyquery.htm? cn=C01&zb=A0H&sj=2022.

示出农村消费市场的韧性。2021 年以来,为稳定民生、拉动经济增长,我国不断加大保供稳价力度,持续贯彻落实各项保民生政策,统筹推进民生保障,经济运行逐步恢复,消费市场逐渐回暖。2022 年,城镇居民人均消费支出为 30391 元,与 2020 年相比涨幅较大,同期,农村居民人均消费支出为 16632 元,与 2020 年相比增长 2919 元,增长率超过 20%。

表 4.6　2017—2022 年中国城镇及农村居民人均消费支出及增长率①②

| 指标 | 2017 年 | 2018 年 | 2019 年 | 2020 年 | 2021 年 | 2022 年 |
|---|---|---|---|---|---|---|
| 城镇居民人均消费支出/元 | 24445 | 26112 | 28063 | 27007 | 30307 | 30391 |
| 城镇居民人均消费支出比上年增长/% | 4.1 | 4.6 | 4.6 | −6.0 | 11.1 | −1.7 |
| 农村居民人均消费支出/元 | 10955 | 12124 | 13328 | 13713 | 15916 | 16632 |
| 农村居民人均消费支出比上年增长/% | 6.8 | 8.4 | 6.5 | −0.1 | 15.3 | 2.5 |

(3)中国居民消费结构优化升级

随着经济发展和人民生活水平的提高,中国居民消费结构正逐步得到优化,人们不再仅仅满足于衣食住行等基本的物质生活保障,而是更加注重消费质量和消费多元化。如表 4.7 所示,2022 年全国居民人均消费支出中,食品烟酒支出 7481 元,占人均消费支出的 30.49%,稳居第一位;居住支出 5882 元,占比 23.97%,排名第二;交通通信支出 3195 元,占比 13.02%,排名第三;教育文化娱乐支出 2469 元,占比 10.06%;医疗保健支出 2120 元,占比 8.64%;生活用品及服务支出 1432 元,占比 5.84%;衣着支出 1365 元,占比 5.56%;其他用品及服务支出 595 元,占比 2.42%。由此可以看出,食品烟酒、居住和其他用品及

---

① 国家统计局.城镇居民人均支出情况[DB/OL].[2023-04-30].https://data.stats.gov.cn/easyquery.htm?cn=C01&zb=A0A05&sj=2022.

② 国家统计局.农村居民人均支出情况[DB/OL].[2023-04-30].https://data.stats.gov.cn/easyquery.htm?cn=C01&zb=A0A06&sj=2022.

服务的人均消费支出增长速度较快,仍是居民主要的消费需求,衣着、教育文化娱乐人均消费支出则出现负增长,居民在这两方面的支出有所降低。

表 4.7　2022 年全国居民人均消费支出情况①

| 指标 | 支出/元 | 比上年增长/% |
| --- | --- | --- |
| 居民人均消费支出 | 24538 | −0.2 |
| 食品烟酒 | 7481 | 4.2 |
| 衣着 | 1365 | −3.8 |
| 居住 | 5882 | 4.3 |
| 生活用品及服务 | 1432 | 0.6 |
| 交通通信 | 3195 | 1.2 |
| 教育文化娱乐 | 2469 | −5.0 |
| 医疗保健 | 2120 | 0.2 |
| 其他用品及服务 | 595 | 4.6 |

　　随着人民生活水平的提高,耐用消费品人均拥有量继续增加。2022 年末,中国居民平均每百户家用汽车拥有量为 43.5 辆,同比增长 4.1%;每百户空调拥有量为 133.9 台,同比增长 2.1%;每百户移动电话拥有量为 259.4 部,同比增长 0.1%;每百户洗衣机拥有量为 99.0 台,同比增长 0.3%;每百户电冰箱(柜)拥有量为 104.2 台,同比增长 0.3%。② 表明居民在消费支出上有更注重提高生活质量的趋势。

　　同时,线上消费快速增长。2022 年,"全国网上零售额 13.79 万亿元,同比增长 4%。其中,实物商品网上零售额 11.96 万亿元,同比增长 6.2%,占社会消费品零售总额的比重为 27.2%"③。"全国实物商品网上零售额 10.8 万亿元,比上年增长 12%;实物商品网上零售额占社会消费品零售总额的比重为 24.5%","2015—2021 年,实物商品网上零售额年均增长超过 20%。特别是 2020 年,网

---

① 国家统计局.全国居民人均支出情况[DB/OL].[2023−04−30]. https:// data. stats. gov. cn/easyquery. htm? cn＝C01&zb＝A0A04&sj＝2022.

② 国家统计局.全国居民平均每百户年末主要耐用消费品拥有量[DB/OL].[2023−04−30]. https:// data. stats. gov. cn/easyquery. htm? cn＝C01&zb＝A0A0D&sj＝2022.

③ 张翼.电商新业态新模式彰显活力[N].光明日报,2023−01−31(10).

上商品零售在社会消费品零售总额出现下降的情况下实现逆势增长,全国实物商品网上零售额 9.8 万亿元,比上年增长 14.8%"①,居民的消费方式发生变革,网络购物已成为消费市场的重要增长点。

## 4.1.3　中国居民基本生活消费状况

随着中国社会经济的快速发展和保险制度的不断完善,居民收入实现快速增长,居民的消费水平显著提高,恩格尔系数下降。食品消费所占比重持续下降,同时,居民的居住条件得以改善,生活质量不断提高。

居民基本生活条件的改善首先表现为食品支出比重明显下降。国际上通常使用恩格尔系数作为衡量人民生活水平高低的重要指标。如表 4.8 所示,20 世纪 80 年代以来,中国城乡居民恩格尔系数显著下降。2022 年,中国居民恩格尔系数为 30.5%,比 1980 年的 59.9% 下降 29.4 个百分点。其中,城镇居民恩格尔系数由 1980 年的 56.9% 下降为 2022 年的 29.5%,下降 27.4 个百分点;农村居民恩格尔系数由 1980 年的 61.8% 下降为 33.0%,下降 28.8 个百分点。同时可以看出,在 20 世纪 90 年代,我国居民恩格尔系数下降速度较快、幅度较大。进入 21 世纪后,恩格尔系数下降速度减缓、下降幅度变小,说明中国居民生活水平趋于平稳向好。

表 4.8　1980—2022 年中国居民恩格尔系数②

单位:%

| 指标 | 1980 年 | 1990 年 | 2000 年 | 2010 年 | 2020 年 | 2022 年 |
|---|---|---|---|---|---|---|
| 居民恩格尔系数 | 59.9 | 56.8 | 42.2 | 33.4 | 30.2 | 30.5 |
| 城镇居民恩格尔系数 | 56.9 | 54.2 | 38.6 | 31.9 | 29.2 | 29.5 |
| 农村居民恩格尔系数 | 61.8 | 58.8 | 48.3 | 37.9 | 32.7 | 33.0 |

---

①　国家统计局.消费市场提质扩容 流通方式创新发展——党的十八大以来经济社会发展成就系列报告之七[R/OL].(2022-09-22)[2023-04-30].http://www.stats.gov.cn/xxgk/jd/sjjd2020/202209/t20220922_1888593.html.

②　国家统计局.居民恩格尔系数[DB/OL].[2023-04-30].https://data.stats.gov.cn/easyquery.htm?cn=C01&zb=A0A0H&sj=2022.

　　随着中国经济的发展,人民生活水平不断提高,食品种类日益丰富,饮食更加健康。人民的消费结构更加合理,消费品质不断提升。1978 年,全国居民恩格尔系数一度达到 63.9%,城镇居民人均粮食消费量为 152 千克,农村居民人均粮食消费量为 248 千克,人均猪肉、禽类、蛋类消费量都比较低①,居民的首要目标是解决温饱。近年来,随着居民收入水平的提高、食品种类的丰富,居民对饮食的要求不仅是吃饱,而且要吃好,要吃得健康,因此,居民的食品消费结构发生了较大变化。2022 年,我国城镇居民人均粮食消费量为 116.2 千克,人均蔬菜及食用菌消费量超过 110 千克,人均肉类消费量 35.2 千克。② 同年,我国农村居民人均粮食消费量为 164.6 千克,人均蔬菜及食用菌消费量 104.6 千克,人均肉类消费量 33.7 千克。③ 城镇居民和农村居民的人均禽类和蛋类消费量均超过 11—13 千克。

　　通过上述分析可以发现,中国居民消费结构的变化主要体现在由生存型、功能型、实物型消费转向发展型、享受型、服务型消费。其中,老年人消费结构转变的主要原因在于,60 后作为"新老人"更加注重养生,消费心态较为年轻,消费实力相对较强,注重生活品质,愿意享受生活。因此,积极满足"新老人"的消费需求,有助于推动医疗、养老、旅游等产业调整产品结构,开发适老化产品及服务,有利于调整、优化老年消费市场结构,带动相关产业升级。

### 4.1.4　中国居民教育医疗消费状况

　　在知识经济时代,教育已成为经济持续发展的重要前提和原动力。进入 21世纪后,我国高等教育从"精英教育"转向"大众教育"。同时,随着社会的发展及人们对教育重视程度的逐步加深,教育由学校教育扩展为社会教育,教育周

---

① 这四十年,中国人的饮食变化大[EB/OL].(2018-11-30)[2023-06-16]. http://health. people. com. cn/n1/ 2018/1130/c14739-30434737. html? ivk_sa = 1024320u.

② 国家统计局. 城镇居民主要产品消费量[DB/OL].[2023-06-30]. https:// data. stats. gov. cn/easyquery. htm? cn = C01&zb = A0A0B&sj = 2022.

③ 国家统计局. 农村居民主要产品消费量[DB/OL].[2023-04-30]. https:// data. stats. gov. cn/easyquery. htm? cn = C01&zb = A0A0C&sj = 2022.

期上则扩展到终身教育。伴随教育结构的变化,教育已经成为居民消费的新热点。"传统意义上的教育已转变为一种既没有时间约束又不受空间限制的大教育。与此同时教育消费的内容也不断扩大。接受教育、继续教育、终身教育将成为每一个人日常生活中不可缺少的部分。"①

教育消费的主体包括政府、企业和社会团体,以及家庭和个人。教育有助于增加"人力资本",因此,教育消费具有消费和投资的双重属性,属于投资性消费,即家庭用于教育的费用,不仅是一种消费,更是一种投资。教育消费有助于促进国民素质的提高,增强国家的综合国力,同时对于缓解就业压力,优化产业结构也能起到积极的推动作用。随着教育重要性的日益显现,特别是知识在经济增长中的作用显著提升,国家及社会各方面对教育的投入也越来越多,教育在国民经济和社会发展中的地位不断提高。

国际上通常采用公共教育支出占国内生产总值(GDP)的比重来评价一个国家的教育消费情况、对教育的重视程度,以及全社会发展教育的努力程度,而4%的教育投入水平事实上成为公共教育支出占 GDP 比重必须达到的一种分配规律。② 岳昌君等人证实,我国公共教育投资比例自 2012 年实现 4%目标且连续 8 年保持在 4%以上,表明我国公共教育投资比例已经进入了与经济发展水平相应的国际平均值区间内。③

随着经济的发展和居民健康意识的提高,居民更加注重养生保健,医疗保健类的消费需求不断扩大,并向多元化、多层次发展,"预防—治疗—康复—疗养"的全链条健康体系正在逐步完善。医疗保健消费正逐步成为中国家庭消费的热点,成为经济发展的增长点之一。2023 年 2 月 28 日,国家统计局发布的《中华人民共和国 2022 年国民经济和社会发展统计公报》显示,2022 年全国居民人均消费支出中,医疗保健人均支出 2120 元,占比为 8.6%,排在第五位,排

---

① 于小强.教育消费热点分析[J].南京人口管理干部学院学报,1999,15(4):45.

② 蒋义.4%:公共教育支出占 GDP 比重必须达到的分配规律——基于世界各国教育投入历史数据的比较分析[C]//中国教育学会教育经济学分会.2010 年中国教育经济学学术年会论文集,2010.

③ 岳昌君,邱文琪.面向 2035 的我国高等教育规模、结构与教育经费预测[J].华东师范大学学报(教育科学版),2021(6):15.

名前四位的分别是食品烟酒、居住、交通通信、教育文化娱乐。① 2023 年 7 月 17 日,国家统计局发布的《2023 年上半年居民收入和消费支出情况》显示,上半年,全国居民人均医疗保健消费支出 1219 元,同比增长 17.1%,占人均消费支出的比重为 9.6%。② 不管是健康体检、康养度假,还是健康运动、健康保健,全民的健康消费意识越来越强。根据国家统计局历年发布的统计数据,由表 4.9 可以看出,近 6 年人均医疗保健消费支出分别为 1451 元③、1685 元④、1902 元⑤、1843 元⑥、2115 元⑦、2120 元。在 2020 年之前,人均医疗保健消费支出额及占人均消费支出比重每年都有较大幅度增长。尽管 2020 年人均医疗保健消费支出有所回落,但 2021 年已出现上升趋势,2022 年与 2021 年基本持平,增长率为 0.24%。人们健康意识的增强,将会持续刺激居民释放健康消费需求。此外,人口老龄化、三孩生育政策的实行等多重因素,都将提高人们对医疗资源的需求。

① 国家统计局. 中华人民共和国 2022 年国民经济和社会发展统计公报[R/OL]. (2023-02-28)[2023-06-16]. http://www. stats. gov. cn/sj/zxfb/202302/t20230228_1919011. html.

② 国家统计局. 2023 年上半年居民收入和消费支出情况[R/OL]. (2023-07-17)[2023-07-21]. https://www. stats. gov. cn/sj/zxfb/202307/t20230715_1941274. html.

③ 国家统计局. 中华人民共和国 2017 年国民经济和社会发展统计公报[R/OL]. (2018-02-28)[2023-06-16]. http://www. stats. gov. cn/sj/zxfb/202302/t20230203_1899855. html.

④ 国家统计局. 中华人民共和国 2018 年国民经济和社会发展统计公报[R/OL]. (2019-02-28)[2023-06-16]. http://www. stats. gov. cn/sj/zxfb/202302/t20230203_1900241. html.

⑤ 国家统计局. 中华人民共和国 2019 年国民经济和社会发展统计公报[R/OL]. (2020-02-28)[2023-06-16]. http://www. stats. gov. cn/sj/zxfb/202302/t20230203_1900640. html.

⑥ 国家统计局. 中华人民共和国 2020 年国民经济和社会发展统计公报[R/OL]. (2021-02-28)[2023-06-16]. http://www. stats. gov. cn/sj/zxfb/202302/t20230203_1901004. html.

⑦ 国家统计局. 中华人民共和国 2021 年国民经济和社会发展统计公报[R/OL]. (2022-02-28)[2023-06-16]. https://www. gov. cn/xinwen/2022-02/28/content_5676015. htm.

表 4.9　2017—2022 年居民人均医疗保健消费支出情况

| 年份 | 人均支出/元 | 占消费支出比重/% | 增长率/% |
|---|---|---|---|
| 2017 | 1451 | 7.9 | — |
| 2018 | 1685 | 8.5 | 16.13 |
| 2019 | 1902 | 8.8 | 12.88 |
| 2020 | 1843 | 8.7 | −3.10 |
| 2021 | 2115 | 8.8 | 14.76 |
| 2022 | 2120 | 8.6 | 0.24 |

随着医疗健康服务需求持续增长,规模增长、个性消费逐步成为医疗消费市场的新特征。"易凯资本发布的《2022 中国健康产业白皮书》显示,我国消费性医疗服务市场总规模由 2015 年的 2191 亿元扩大至 2020 年 8838 亿元,预计 2021 年至 2025 年的年复合增长率将达 22.9%,到 2025 年达到 23930 亿元。"[①]因政策支持和技术进步,医疗服务行业有望保持快速增长,具有广阔的发展前景。同时,在医疗消费市场中,口腔、眼科、体检、中医等细分赛道"多点开花",个性化消费趋势明显。

## 4.1.5　中国居民文化娱乐消费状况

随着经济发展和社会进步,居民的消费观念逐步改变,更加注重文化娱乐方面的消费。文化消费主要包括线下和线上两种。其中,线下文化消费主要包括在图书馆、文化馆、博物馆、科技馆、纪念馆、电影院、剧院等场所的消费,线上文化消费主要包括在在线影视、视频直播、线上展演等方面的消费。2023 年 2 月 28 日,国家统计局发布的《中华人民共和国 2022 年国民经济和社会发展统计公报》显示,截至 2022 年末,全国文化和旅游系统共有 2023 个艺术表演团体,3303 个公共图书馆,3503 个文化馆,4136 个档案馆。同时,全国有线电视实际用户 1.99 亿户;全年生产故事影片 380 部,科教、纪录、动画和特种影片 105

---

　① 班娟娟. 消费医疗市场快速增长 细分赛道"多点开花"[N]. 经济参考报,2023-03-30(A07).

部;出版各类报纸 266 亿份,各类期刊 20 亿册,图书 114 亿册(张)。线上线下文化产业蓬勃发展。①

表 4.10　2020—2021 年分区域规模以上文化及相关产业企业营业收入情况②③

| 指标 | 2021 年 | | 2020 年 | 2021 年比 2020 年 |
|---|---|---|---|---|
| | 绝对额/亿元 | 所占比重/% | 绝对额/亿元 | 增长/% |
| 东部地区 | 92999.06 | 75.83 | 78395.19 | 18.63 |
| 中部地区 | 17570.94 | 14.33 | 14826.25 | 18.51 |
| 西部地区 | 11009.04 | 8.98 | 9306.83 | 18.29 |
| 东北地区 | 1063.04 | 0.87 | 936.77 | 13.48 |
| 合计 | 122642.08 | 100.00 | 103465.04 | 18.53 |

注:表中营业收入数据统计口径为文化制造业企业、文化批发和零售业企业、文化服务业企业的营业收入之和。表内数据均以统计年鉴为准,计算时略有误差。

由表 4.10 可以看出,2020—2021 年,中国规模以上文化及相关产业企业的营业收入由 103465.04 亿元提高到 122642.08 亿元,增长率为 18.53%。分地区来看,2021 年东部地区文化产业营业收入为 92999.06 亿元,所占比重为 75.83%,与 2020 年相比较,增长率为 18.63%,略高于其他区域;中部地区营业收入 17570.94 亿元,占比 14.33%,与 2020 年相比较,增长率为 18.51%;西部地区营业收入 11009.04 亿元,占比 8.98%,与 2020 年相比较,增长率为 18.29%;东北地区营业收入 1063.04 亿元,占比仅为 0.87%,与 2020 年相比较,增长率为 13.48%,增长率低于其他区域。总的来说,中国东部地区经济相对发达,消费环境相对较好,人们的文化消费意愿更加强烈,消费水平相对较高。

---

① 国家统计局. 中华人民共和国 2022 年国民经济和社会发展统计公报[R/OL]. (2023-02-28)[2023-06-16]. http://www.stats.gov.cn/xxgk/sjfb/zxfb2020/202302/t20230228_1919001.html.

② 国家统计局. 中国统计年鉴 2022[DB/OL]. [2023-06-16]. https://www.stats.gov.cn/sj/ndsj/2022/indexch.htm.

③ 国家统计局. 中国统计年鉴 2021[DB/OL]. [2023-06-16]. https://www.stats.gov.cn/sj/ndsj/2021/indexch.htm.

表 4.11　2018—2022 年中国国内旅游总收入①②

单位:万亿元

| 指标 | 2018 年 | 2019 年 | 2020 年 | 2021 年 | 2022 年 |
| --- | --- | --- | --- | --- | --- |
| 国内旅游总收入 | 5.13 | 5.73 | 2.23 | 2.92 | 2.04 |

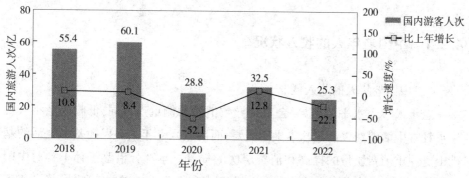

图 4.2　2018—2022 年国内游客人次及其增长速度③

　　如表 4.11 和图 4.2 所示,与 2018 年和 2019 年相比较,2020 年以来中国国内旅游人数和国内旅游总收入有一定程度的下降。国内游客数量由 2019 年的60.1 亿人次下降到 2022 年的 25.3 亿人次;国内旅游总收入由 2019 年的 5.73万亿元下降到 2022 年的 2.04 万亿元。这说明,中国未来旅游市场发展潜力巨大。与此同时,智慧旅游发展方兴未艾。2021 年,我国在线旅游消费总额已达万亿级。④ 随着互联网的发展,智慧旅游以其数字化、网络化、智能化优势,改善旅游服务体验,提升旅游便利度,引导旅游服务新模式,必将成为中国旅游业发

　　① 国家统计局.中华人民共和国 2022 年国民经济和社会发展统计公报[R/OL].(2023-02-28)[2023-06-16].http://www.stats.gov.cn/xxgk/sjfb/zxfb2020/202302/t20230228_1919001.html.

　　② 国家统计局.中国统计年鉴 2022[OB/OL].[2023-06-15].http://www.stats.gov.cn/sj/ndsj/2022/indexch.htm

　　③ 国家统计局.中华人民共和国 2022 年国民经济和社会发展统计公报[R/OL].(2023-02-28)[2023-06-16].http://www.stats.gov.cn/xxgk/sjfb/zxfb2020/202302/t20230228_1919001.html.

　　④ 余俊杰.我国在线旅游消费总额已达万亿级[N].南宁日报,2021-04-08(11).

展的新引擎。

服务业的发展与居民消费密切相关,近年来中国服务业发展迅速,一方面是居民消费扩容升级的必然结果,另一方面又会引导居民未来的消费方向。

## 4.2 中国老年人总体消费状况

### 4.2.1 中国老年人的收入状况

(1)中国老年人的收入概况

老年人收入水平的差异,会直接导致消费的侧重点不同,低收入老年人更注重日常生活消费以满足基本生活需要,而高收入老年人在保障基本生活的基础上更注重消费质量的提高和消费层次的提升。本部分借鉴了孙小雁对中国城乡老年人收入来源的分类方式①,考虑到老年人收入构成的特殊性,将老年人收入分为三个层面共六小类,三个层面分别为个人层面、家庭层面和政府层面。其中,个人层面的收入主要指工资性收入;家庭层面的收入包括家庭转移净收入、经营净收入和财产净收入;政府层面的收入则包括社会保险转移净收入和公共财政转移净收入。

近些年来,随着经济社会快速发展,中国的社会保险制度日益完善。党的十八大以来,在以习近平同志为核心的党中央坚强领导下,我国社会保障体系建设进入快车道,成功建设了具有鲜明中国特色、世界上规模最大、功能完备的社会保障体系。截至 2022 年 4 月底,全国基本养老、失业、工伤保险参保人数分别为 10.3 亿人、2.3 亿人、2.8 亿人,较 2012 年年底分别增加 2.42 亿、0.78 亿、0.9 亿人。② "十四五"规划和 2035 年远景目标纲要草案提出,加快健

---

① 孙小雁. 中国城乡老年人收入:个人、家庭和政府的作用[D]. 上海:上海社会科学院,2021:28-29.

② 中华人民共和国人力资源和社会保障部. 蹄疾步稳 社保制度实现高质量发展:社会保障制度改革成就综述[EB/OL]. (2022-05-24)[2023-06-16]. http://www.mohrss.gov.cn/SYrlzyhshbzb/dongtaixinwen/buneiyaowen/rsxw/202205/t20220524_449734.html.

全覆盖全民、统筹城乡、公平统一、可持续的多层次社会保障体系。① 老年人的社会保险收入逐年稳步提升,老年人收入增长相对平稳。

城镇老年人和农村老年人的收入构成区别明显。社会保险转移净收入在城镇老年人的总收入中占有较大比重,是城镇老年人主要的收入来源。与城镇老年人不同,农村老年人的收入主要来源于家庭收入。随着社会经济的发展和养老政策的逐步完善,中国农村老年人的收入对家庭的依赖程度将会逐渐减弱,对社会保险的依赖程度将会逐步增强,这有利于实现城乡均衡发展,扩大老年消费市场,增加内需,从而进一步促进社会经济的均衡发展。

(2)中国老年人的收入构成

①个人收入

工资性收入是中国老年人的一项重要收入。老年人的工资性收入水平与他们的身体状况和受教育水平相关。近年来,农村老年人的工资性收入增长较快,与城镇老年人的工资性收入差距逐渐减小。促进低龄老年人再就业,有助于释放二次人口红利,在缓解养老金支付压力的同时,增加老年人的工资性收入。我国职工退休年龄为男性 60 周岁,女性 50 周岁。与国外一些国家相比较,我国现行退休年龄偏低。随着老龄化程度的加深及劳动年龄人口的减少,我国计划实施渐进式延迟退休政策,如此则工资性收入在老年人总收入中的比重会逐步提高。

②家庭收入

家庭转移净收入主要指家庭成员给予的赡养和馈赠收入;经营净收入指从事生产经营活动所获得的净收入;财产净收入包括金融投资类的净收益、房产等不动产净收益以及储蓄型保险净收益。其中,储蓄型保险净收益包括补充养老保险、征地养老保险和商业养老保险等。中国城镇老年人收入水平相对较高,因此包括金融投资、房产投资以及储蓄型保险等在内的财产净收入相对较高。

农村老年人的家庭收入中,家庭转移净收入所占比重较大。由于农村老年

---

① 李红梅,韩鑫,罗珊珊,等. 完善覆盖全民的社会保障体系[N/OL]. 人民日报,2021-03-10[2023-06-16]. http://paper. people. com. cn/rmrb/html/2021-03/10/nw. D110000renmrb_20210310_1-11. htm.

人收入渠道有限,收入水平相对较低,并且区别于城镇老年人与子女之间的"双向支持",农村老年人获得的"向上"经济支持远远大于其所提供的"向下"经济支持,因此农村老年人更依赖子女的赡养。

③政府转移收入

政府转移收入主要包括社会保险转移净收入和公共财政转移净收入。社会保险转移净收入包括基本养老保险、基本医疗保险和工伤保险。其中,基本医疗保险又包括城镇职工基本医疗保险、城镇居民基本医疗保险、新型农村合作医疗保险和城乡居民大病保险。公共财政转移净收入包括高龄津贴、最低生活保障、独生子女老年补助。具体构成如图4.3所示。

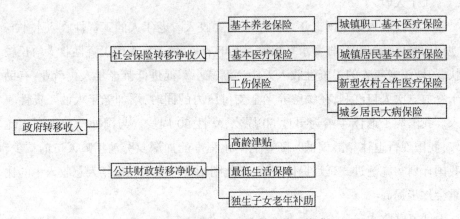

图4.3 我国老年人政府转移收入构成

国家统计局相关数据显示,2021年,我国离退休人员参加养老保险人数为1.32亿人,其中,企业离退休人员参加养老保险人数为1.11亿人。① 随着人口老龄化程度的加深,我国领取养老金的老年人数量逐渐增加。2022年9月20日,国家卫生健康委老龄司负责人在新闻发布会上介绍,中国老年人口将会逐步增加。截至2021年底,全国60岁及以上老年人口达2.67亿,占总人口的18.9%;65岁及以上老年人口达2亿以上,占总人口的14.2%。据测算,预计"十四五"时期,60岁及以上老年人口总量将突破3亿,占比将超过20%,进入

---

① 国家统计局.企业离退休人员参加养老保险人数.[2023-06-16][DB/OL].https://data.stats.gov.cn/search.htm? s=离退人员养老保险.

中度老龄化阶段。2035 年左右,60 岁及以上老年人口将突破 4 亿,在总人口中的占比将超过 30%,进入重度老龄化阶段。[①]

随着中国老龄人口规模的扩大和老龄化进程的加快,老年消费需求在社会总需求中的比重逐步上升,老年人的消费在整个社会消费中的份额也逐步加大,大力发展老年消费市场,成为扩大国内需求特别是消费需求的迫切要求。

近年来,老年人社会保障体系不断完善,基本养老保险参保人数不断增加,退休人员的养老金水平不断提高。2023 年 5 月发布的《国家基本养老服务清单》已将高龄津贴、养老服务补贴、护理补贴等项目纳入其中,老年群体保障制度越来越完善。老年人数量快速增加,老年人的收入状况日益受到全社会关注。老年人收入水平的提高和收入结构的调整,必然对老年消费市场产生积极影响。

第一,养老保险制度的完善夯实老年消费市场基础。当前,中国已形成包括公共养老金、职业养老金和个人养老金在内的多层次、多支柱的养老金体系。其中,公共养老金(基本养老保险)为第一支柱,包括城镇职工基本养老保险和城乡居民基本养老保险。截至 2021 年底,参加人数已超过 10 亿人。职业养老金为第二支柱,由企业主导,包括企业年金和职业年金。截至 2021 年底,参加企业(职业)年金的职工为 7200 多万人。[②] 个人养老金为第三支柱,以个人为主导,目前没有全国统一的制度性安排。养老保险制度的完善,养老保险金的逐年上涨,有助于增强老年人的消费能力和应对风险的能力,减弱老年人储蓄的预防动机,让老年人敢于消费,愿意消费,从而拉动内需,促进经济发展。

第二,储蓄动机的弱化释放老年人消费需求。受文化因素的影响,中国人的储蓄率显著高于国外的一些国家,尤其是老年人,储蓄意愿更加强烈,收入分配习惯通常为先储蓄、后消费。储蓄主要包括预防型储蓄和遗赠型储蓄两大类型。其中,预防型储蓄主要用于看病和养老,而遗赠型储蓄主要为了给后代留下财富。随着经济的发展和社会保障制度的日益完善,老年人看病和养老的后

① 国家卫生健康委员会.国家卫生健康委员会 2022 年 9 月 20 日新闻发布会介绍党的十八大以来老龄工作进展与成效[EB/OL].[2023-06-16].http://www.nhc.gov.cn/xwzb/webcontroller.do? titleSeq=11480.

② 李心萍,曲哲涵,欧阳洁.政府政策支持、个人自愿参加、市场化运营的补充养老保险:个人养老金制度正式实施[N].人民日报,2022-11-07(9).

顾之忧得以解决,其预防型储蓄动机逐步减弱。同时,随着"新老人"观念的转变,"当代人用完当代人的钱"成为更多老年人的共识,其遗赠型储蓄动机也逐步减弱,取而代之的是老年消费需求的释放和消费意愿的增强。

第三,财富积累增强老年人消费实力。受经济发展周期和人口结构变动的共同影响,未来中国老年人掌握的财富会越来越多,他们将会成为最具优势的消费群体。老年人的消费意识会逐步增强,老年人会更注重提高生活质量,追求更高的生活品质。因此,助力"银发经济"发展,发掘老年市场潜能,实现老年消费市场扩容升级,将对中国经济产生积极的影响。

### 4.2.2 中国老年人的支出状况

随着老年人数量的增加、财富的积累及消费意愿的增强,老年人的消费潜力逐步被重视和挖掘,老年人逐渐成为中国消费市场的"潜力股"。2020年中国老年人口消费潜力估计为43724亿元,占GDP的5.25%,预计到2050年这一数字将达到406907亿元,占GDP的比重将攀升至12.2%,老龄产业未来蕴含着巨大消费市场潜力。[①] 随着经济社会发展和养老、医疗保险制度的完善,老年人的收入来源增多,收入水平大幅提升,消费观念逐步改变,他们愿意消费、敢于消费,这种改变有利于老年产业和老龄经济发展,亦有利于中国经济的高质量发展。

随着新农村建设的不断深入,中国农村地区经济发展迅速,同时养老保险制度逐步完善,基本养老保险金占农村老年人收入的比重逐步提高。农村老年人的消费水平也逐步提高,他们更加注重生活品质。2000年以来,中国城乡老年人消费水平的差距不断缩小。

如图4.4所示,根据第四次中国城乡老年人生活状况抽样调查结果,老年人消费还呈现出明显的地域特点,不同地域城镇老年人和农村老年人的消费水平明显不同。2014年,东北地区城镇老年人平均消费水平最高,为22478元,农村老年人的平均消费水平为9910元,城乡老年人消费水平差距较明显。东部

---

① 孙燕明.《中国老龄产业发展报告(2021—2022)》发布[EB/OL].(2023-08-31)[2023-08-31].https://www.ccn.com.cn/Content/2023/08-31/1310550367.html.

地区城镇老年人消费水平低于东北地区,但是农村老年人的消费水平高于其他地区,说明东部地区城乡老年人消费差距相对较小。中部地区城镇和农村老年人的消费水平较低,且两者差距最小。究其原因,主要是受到收入水平、消费理念、地区文化差异等因素的影响。

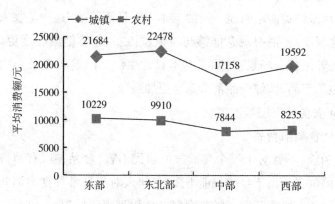

图 4.4　2014 年城乡不同地区老年人消费状况①

同时,中国城乡老年人的消费结构略有不同。第四次中国城乡老年人生活状况抽样调查结果显示,中国老年人的消费结构中,食品烟酒、医疗保健和居住支出排前三位,占比分别为城镇老年人 42%、18% 和 15%,农村老年人 39%、27% 和 16%。②

## 4.2.3　中国老年人基本生活消费状况

(1)老年人基本生活消费总体状况

随着中国经济社会的快速发展,人民的生活水平不断提高,同时"60 后"步入老龄行列,中国老年人对于基本生活消费的要求已经不仅仅局限于解决温饱问题,而是更加注重品质和健康。《2019—2020 中国食品消费趋势及产品创新

①　杨晓奇,王莉莉.我国老年人收入、消费现状及问题分析:基于 2015 年第四次中国城乡老年人生活状况抽样调查[J].老龄科学研究,2019,7(5):18.

②　杨晓奇,王莉莉.我国老年人收入、消费现状及问题分析:基于 2015 年第四次中国城乡老年人生活状况抽样调查[J].老龄科学研究,2019,7(5):19.

白皮书》显示,中国老年人的人年均消费额为 22600 元,其中生活类消费人均
15560 元,与食品相关的约占 4 成。与此同时,2020 年,中国居民恩格尔系数为
30.2%,其中城镇为 29.2%,农村为 32.7%。① 由此可见,中国老年人的食品支
出占平均消费支出的比重比全国居民平均值略高,食品在老年人消费支出中占
的比重相对更大,而农村老年人的食品支出占比略高于城镇老年人。同时,低
龄老年人升级型消费需求明显。低龄老年人更具消费活力:一是收入水平相对
较高,受教育程度高,消费观念能够与时俱进;二是身体健康程度更好,生活内
容更加丰富,外出社交场景多,除了基本日常生活品的购买需求,对文化娱乐、
时尚服饰、电子产品、保健产品消费意愿更加强烈。②

(2)老年人食品市场基本现状

①日常饮食类消费品

民以食为天,不管对于哪个年龄段的居民而言,食品在所有消费种类中永
远占据第一的位置。由于身体机能下降,老年人对于日常饮食类消费品的需求
与其他年龄段的人略有不同。随着中国老龄化程度的加深,老年食品行业规模
日益增大,但是,中国老年人食品市场还存在很多问题,主要表现在产品种类单
一,食品标准待完善,营销力度小等方面。随着经济的发展及农村生活水平的
提高,中国城乡老年人在谷物、蔬菜、豆类及肉类等基本食品方面的消费差距逐
渐减小,而在奶类、水果和水产品等营养食品方面的消费差距有所增大,尤其在
高龄老年人群体中,差距更为显著。究其原因,主要是城乡老年人收入存在差
距及不同年龄段老年人的财富积累等有所不同。

中国老年人日常饮食类消费品市场的发展,需要基于城乡老年人食品消费
需求的不同而开拓差异化思路。一方面,由于农村老年人的收入相对不高,一
些制度还不够健全,而且农村老年人受传统思想的影响,更加崇尚勤俭节约,相
比"高质量",他们更注重"低价格"。另一方面,农村老年人健康意识相对较
弱,因此对于营养食品的消费低于城镇老年人。基于以上分析,要扩大农村老
年人日常饮食类消费品市场,首先要增加农村老年人的收入来源,普及营养知

---

① 国家统计局.中华人民共和国 2020 年国民经济和社会发展统计公报[R/OL].
(2021-02-28)[2023-06-16]. https://www.gov.cn/xinwen/2021-02/28/content_5589283.htm.

② 朱美乔.中消协发布《二〇二二年养老消费调查项目研究报告》[EB/OL].(2023-
04-26)[2023-06-16]. http://www.cnfood.cn/article? id=1650822274222231554.

识,改善农村消费环境,增强农村老年人的消费意愿。

②功能食品

功能食品,在中国主要指保健类食品。《2021 年度国家老龄事业发展公报》数据显示,截至 2021 年末,中国 60 周岁及以上老年人口 26736 万人,占总人口的 18.9%。① 随着年龄的增长,老年人身体机能逐步下降,他们的健康状况日益受到关注,功能食品成为很多老年人的刚需。同时,老年人在购买保健品时,最注重的功效为营养补充,其次为传统滋补、疾病养护、改善睡眠、调节内分泌失调等。目前中国老年人功能食品市场尚处于起步阶段。与国外一些国家相比较,中国老年人功能食品不管是在数量方面,还是在质量方面都有很大提升空间。随着老年人健康意识的增强,功能食品消费逐步日常化,人们对于保健品的功能需求逐步增多,除了增强免疫力、补充维生素等传统功能外,人们更注重其"体重管理""容貌管理""运动营养"等功能。

纵观全球,美国、日本及欧洲一些国家是功能食品的主要消费市场。这些地区的人均收入较高,人们对有益健康的食品有更高的期望,希望达到防病自理的目的。此外,近年来,中国的功能食品市场发展迅速。随着中国老龄化程度的加深和社会经济的进一步发展,越来越多的新兴功能食品出现,并在消费品市场占据越来越重要的地位。2016 年,《保健食品注册与备案管理办法》正式实施,中国保健食品市场实行注册备案双轨制,这表明老年保健品行业政策逐步完善,未来环境将随着行业的发展而改善。备案制全面替代审批制,行业供给侧产品加快推出,老年人功能食品市场规模也将不断扩大。

## 4.2.4　中国老年人教育医疗消费状况

(1)老年教育消费现状

1983 年中国第一所老年大学成立于山东,这标志着中国老年教育的开始。中国老年大学协会发布的《中国老年教育发展报告(2019—2020)》显示,截至 2019 年底,我国老年大学数量约为 7.6 万所,包括接受远程教育在内的老龄学

---

① 老龄健康司. 2021 年度国家老龄事业发展公报. [R/OL]. (2022-10-24)[2023-06-16]. http://www.nhc.gov.cn/lljks/pqt/202210/e09f046ab8f14967b19c3cb5c1d934b5.shtml.

员共有 1300 万余人,仅占 60 岁及以上老年人口的 5%。[①] 我国老年教育兴起于 20 世纪 80 年代,发展多年后,如今很多老年大学虽然已经转型面向社会全面开放,但其管理机制、师资力量、教学资源等仍然需要继续改进升级。

数据显示,2021 年末中国 60 周岁及以上人口达 26736 万人[②]。日益庞大的老年人口规模,为老年教育市场注入新消费力量。由此可见,老年教育市场前景广大。同时,中国老年教育业还有待于进一步发展。一方面,教学模式比较单一,主要包括老年大学教育、社区老年教育、远程老年教育等形式;另一方面,教学内容比较单一,主要是为低龄健康老年人提供休闲娱乐性服务,例如讲授营养保健、音乐舞蹈、手工园艺、文化知识等,服务资源匮乏,市场供求发展不平衡。

伴随着"互联网+"的发展,老年教育也应与时俱进,不断丰富教学形式,如:开展网络技能培训;推动线上线下混合式教学;开发、整合优质教育资源,增加自我发展型的课程,如养生保健、心理健康、代际沟通、生命尊严等。同时,要注重进行教学反馈和教学质量评价,加强老年教育师资队伍建设,推动老年教育高质量发展,满足老年人的教育需求。

(2)老年医疗消费现状

随着老年人健康意识的增强,健康支出已经成为老年人最为关注的消费支出。老年人口数量增长叠加人均寿命的延长,必然释放出中国老年医疗消费市场的巨大发展潜力。中国老年人口增长迅速,必然加速对医疗资源的消费和占用,给国家医疗保障体系带来巨大压力。因此,为不断满足老年人健康需求,稳步提升老年人健康水平,促进实现健康老龄化,应进一步完善医疗保障制度,建立健全老年医疗卫生服务体系。

同时,在老龄化背景下,医疗服务产业逐步呈现出向更高附加值、更广年龄跨度发展的趋势。围绕健康衍生的医疗服务需求与日俱增。现今阶段,医疗支出主要用于支付"生存型"医疗费用,例如药品、医院的就诊服务等。随着医疗服务产业的升级,医疗消费逐渐由"生存型"向"发展型"转变,养老、医疗美容、

---

① 史一棋. 推动老年教育事业健康发展[N]. 人民日报,2023-02-27(7).

② 全国老龄办.2021 年度国家老龄事业发展公报[R/OL]. (2022-10-26)[2023-04-15]. https://www.gov.cn/xinwen/2022-10/26/content_5721786.htm? eqid=caed0d110003 fa7d000000036497d30c.

眼科、健康管理等更多细分领域的潜在需求将得到进一步释放,需求的拓宽与科技的赋能使得医疗服务的边界不断延伸。

此外,老年人相较于中青年在未来对医疗服务的需求会更加急迫,特别是老龄社会老年人长寿但亚健康的局面将更加普遍。因此,围绕"银发经济"布局的相关医疗服务产业有更加广阔的发展前景,将诞生更多新兴细分领域的市场机会。

## 4.2.5　中国老年人文化娱乐消费状况

2020 年底,全国 60 周岁及以上老年人口 26402 万人,其中拥有高中及以上文化程度的人口比重为 13.90%,比 2010 年提高了 4.98 个百分点。[①] 受教育程度较高的老年人群体有着更多的精神文化生活需要,其文化娱乐、体育活动、旅游等文化消费需求逐渐增加。然而,当前也有一些老年人精神生活相对匮乏。由于针对老年人的公共文化活动空间明显不足,老年人可接受的文化服务和消费产品还不够丰富。

随着生活水平的提高和消费意识的转变,老年人旅游人数不断增长,老年旅游市场成为仅次于中年旅游市场的第二大旅游市场,旅游收入非常可观。有钱有闲的老年人日渐成为旅游行业发展的"蓝海",开发适合老年人旅游的专门服务和产品也成为各大旅行社、养老院、旅游行业联盟等谋求发展的新选择。[②] 随着老年人可支配收入的提高,中国老年旅游市场未来必然呈现利好形势。中国旅游研究院发布的《中国老年旅居康养发展报告》认为,老龄化是未来较长时期基本国情,2020 年我国康养旅游人数已达 6750 万人次,老年旅游从福利事业向旅游产业转变,从小众市场向主流市场转型。老年旅居康养潜力巨大,但老年群体需求尚未获得充分满足。报告认为,据联合国预测,2020—2050 年间我

---

① 老龄健康司. 2020 年度国家老龄事业发展公报[R/OL]. (2021-10-15)[2023-06-16]. http://www.nhc.gov.cn/lljks/pqt/202110/c794a6b1a2084964a7ef45f69bef5423.shtml.

② 梁达. 人口老龄化将带来巨大商机[J]. 金融与经济,2016(07):29.

国 65 岁及以上老年人将增加 112.3%。另外,当前老年旅游需求持续提档升级。[①]

# 4.3 中国老年消费市场的特点

## 4.3.1 中国老年人消费决策特点

消费决策是一定时期整个社会、各个社会集团、阶层及消费者家庭或个人有关消费活动所做出的最后选择和决定,主要包括决策思想、目标、要素和形式的选择,以及决策的执行手段的运用。[②] 消费决策通常包括"获取产品信息—筛选比对产品—最终决定购买"的一系列过程。受年龄、身体状况、文化水平、信息获取渠道等因素的影响,老年人的消费决策与年轻人相比有着显著不同的特点。

首先是在产品信息来源上,老年人选择产品的信息来源主要是线下的实体店和电视购物节目。电视是传统的信息载体,老年人对电视媒体的信赖度较高。除此之外,亲友的推荐也是老年人选择产品的主要信息来源之一,老年人经常在与亲朋好友和邻里的交流中获取购物经验及体验。

其次是在产品的选择喜好上,功能健全是老年人选择产品的首要前提。相比较年轻人而言,老年人更加喜欢选择品质好、性价比高的产品,而对于"品牌产品价值度"和"门店体验服务"等因素的关注度较小,从而呈现出典型的产品性价比偏好。

最后是在产品最终决定环节上,老年人比较重视子女意见。受心理和生理等多方面的影响,老年人在消费决策上经常需要依靠子女的协助分析。由于年轻人的知识面比较广,收入水平比老年人高,购物经验比老年人丰富,因此多数老年人倾向于接受子女的协助分析,而不是主动做出决定。

---

① 李志刚.《中国老年旅居康养发展报告》:老年旅居康养潜力巨大但供需错位[EB/OL].(2023-07-02)[2023-07-16].http://www.ctnews.com.cn/baogao/content/2023-07/02/content_145411.html.

② 汤五云.合理消费论[M].武汉:中国地质大学出版社,1993:75.

## 4.3.2　中国老年人消费需求的总体特点

基于身体机能和心理上的差别,老年人的消费需求与消费方式不同于其他年龄阶段群体,呈现出一些新的消费特点,主要表现在以下几个方面:

第一,由于老年人的身体机能逐步衰退,消化吸收功能明显下降,因此老年人的饮食方式与其他人群存在显著差异,主要表现为对健康养生等方面的保健消费需求大大增加。

第二,除了身体机能衰退等生理原因以外,老年人在退出社会主力就业队伍以后,由于社会角色的转变,消费总体需求逐步下降。但是,随着老年人对新的社会角色转变的逐渐接受,以及现代消费观念和生活品质意识的不断增强,老年人对适合其自身的时尚潮流,以及对高品质生活的消费需求将会越来越多。

第三,随着医疗卫生条件的改善,人们的寿命不断延长,中国老龄化进程逐步加快,中国老年人高龄化趋势更加明显,高龄老年人的人口规模日益庞大。高龄老年人的生活自理能力相对较差,有的甚至失去生活自理能力,这就使得老年人对日常生活护理服务的需求不断增长。

第四,大部分老年人退休后都不再继续工作,从而拥有更多闲暇时间,因此,老年人对精神层面消费的需求会高于其他年龄段群体。而且随着社会经济的快速发展和科技的进步,老年人的消费观念逐渐转变,在满足基本物质消费需求的基础上,老年人更加注重社交等精神层面的消费。

第五,老年人个体之间的差异使得其消费需求存在较大差别。一方面,地域风俗及生活习惯使得老年人在消费观念上存在差别,从而使老年人个体之间的消费倾向和消费方式差异显著;另一方面,老年人之前的从业差异使其退休金、保障金、医保存在不同,从而造成收入上的差别,使得老年人个体之间的消费能力存在较大差距。

第六,老年人隔代消费支出占比较大。传统的家庭观使得老年人在子女的住房、医疗和教育三个方面的开支占比较高。很多老年人大幅降低自身的消费需求,从而为子女甚至隔代提供住房、医疗和教育等方面的帮助。

### 4.3.3　中国老年人消费需求的地域特点

中国老年人消费需求也影响其生活质量，《中国老年人生活质量发展报告（2019）》对我国老年人生活质量进行了分省评价。老年人生活质量指数综合排名前10的省（市）依次是北京、上海、天津、福建、浙江、江苏、辽宁、山东、重庆、广东。经济发展水平和收入水平对老年人的生活质量影响较大，总体而言，老年人生活质量指数综合排名靠前的省（市）大部分位于东部地区。①

与此同时，受教育水平会直接影响老年人的消费需求。目前，中国已经快速进入信息社会，一些受教育程度较低的老年人在获取外部信息、使用现代化电子设备等方面困难重重，由于再学习和认知接受能力较低，高龄老年人及经济发展相对较慢地区老年人的生活质量还有待提高；而受教育程度较高的一些老年人则能够比较容易地融入现代社会生活，接受新的事物和学习新的知识，从而拥有较高的生活质量。

老年人的受教育程度、夫妻关系、子女关系等因素深刻影响着中国老年人的生活质量。此外，居住条件、伤病痛、孤独感，以及社会保障、医疗卫生、精神娱乐文化生活等因素，也都对老年人的生活质量造成较大影响。

通过分析2020年第七次全国人口普查数据可知，仅从老龄化率，也就是老龄人口占比角度看，东北三省的银发经济潜力较大。但具体到每个省份的老年人数量绝对值，东北的排名则相对靠后。再进一步按照银发经济市场容量考察，即将各省60岁及以上人口数量乘以各省2020年人均可支配收入，排序又会发生变化。

不过需要指出的是，老年人口规模基数和人均可支配收入并不是决定一省银发经济发展空间的所有因素。因为人口基数是实实在在的老年人数量，但是人均可支配收入并不是老年人实实在在的收入。比如广西、海南等热门旅游省份，虽然老年人数量并不算太多，人均可支配收入也不占优势，但是大力发展当地生态环境优势突出的旅居康养产业，依然有很大的市场发展空间和较大的市

---

① 马瑾倩.我国老年人小学及以下文化程度超七成,影响其生活质量[EB/OL].(2019-12-31)[2023-06-16]. https://www.bjnews.com.cn/detail/157777761315914.html.

场容量。

## 4.3.4　中国老年人消费需求的年龄分布特点

2021 年全国人口变动情况抽样调查样本数据(抽样比为 1.058‰)显示, 60—64 岁老年人为 70755 人,65—69 岁为 81345 人,70—74 岁为 56208 人, 75—79 岁为 34886 人,80—84 岁为 22543 人,85—89 岁为 12317 人,90—94 岁 为 4249 人,95 岁及以上为 871 人。[①] 由此可以看出,中国老年人以低龄老年人 为主。

由于身体状况、生活背景和成长经历不同,同时受自身收入状况等经济因 素的影响,不同年龄段的老年人的产品需求、消费偏好及消费习惯存在较大区 别。对于城镇老年家庭来说,高龄老年家庭与低龄老年家庭在食品支出方面相 差不大,高龄老年家庭在医疗保健上的开销大于低龄老年家庭,而高龄老年家 庭在文教娱乐、交通通信等方面的支出低于低龄老年家庭。[②]

在旅游消费方面,各年龄段的意愿差异非常明显。受身体状况、经济收入 等因素的影响,老年群体中,旅游消费意愿最强的是 60—69 岁的老年人,随着 年龄增长,老年人旅游意愿显著降低。

各年龄段的消费差异还体现在很多老年用品上面,比如拐杖和轮椅的消 费,70 岁以上老年人占比较高,主要原因在于 70 岁以上老年人腿脚不便的可能 性比低龄老年人要高很多。当然也有一些产品的消费年龄特征并不明显,比如 老花镜、假牙、血压计、血糖仪、按摩器具等,基本是老年人的必需品,各年龄段 消费需求比例接近或差异较小。

---

① 国家统计局. 中国统计年鉴 2022 [DB/OL]. [2023 - 05 - 16]. http:// www.stats.gov.cn/sj/ndsj/2022/indexch.htm.

② 田青. 中国老年群体消费结构、需求特征和行为决策研究[M]. 北京:经济科学出 版社,2020:16.

# 4.4 中国老年消费市场存在的问题

## 4.4.1 老年消费市场问题表现

中国老年人的消费需求特点直接影响老年消费市场的扩容升级和老年消费品的创新发展，也必然影响到社会总体消费水平和消费结构。当前，虽然中国的老年消费市场已经随着医疗保障制度的完善与养老服务机构的不断增加而初具规模，但是市场规模和产品创新相对于中国老年消费群体及整个社会消费力而言仍存在不足之处。主要表现在，老年消费市场产品结构较为单一，功能不够全面，多以老年医疗器具、保健品为主，产业发展还没有实现规模化、多元化、智能化。目前，中国老年消费市场规模化进程中存在以下三个方面的问题。

(1)养老产业尚未形成完整链条

长期以来，中国的社会养老服务主要由公立养老医疗卫生机构来提供，社会化的老龄服务业发展时间相对较短，服务水平有待提高，市场化意识仍需增强。社区养老服务中民营资本的参股率较低，民营资本的话语权、自主权相对较低，目前社区养老服务机构的水平还有待提高，尤其体现在日常饮食及护理等方面。老年人急需的医疗卫生服务主要由公立医院提供，但公立医院的服务面非常广泛，同一科室诊疗对象往往涵盖幼儿、青少年、中年、老年等。此外，我国针对低收入老年人服务的市场运管体制还有待完善，公办养老机构的价格、老年人用品的价格优惠程度尚待提升。由于中国进入老龄化社会速度较快，老年人口绝对数量大，而老龄产品涉及众多行业领域，并且发展相对较晚，市场的开拓力度较弱，产品的宣传不到位。从挖掘需求、开发产品、开展宣传到相关产品的生产，以及后续的效果评估和改进等整个产品闭环提升链来看，中国的老年消费市场仍存在较大发展空间。

(2)老年消费市场可持续发展能力不足

中国老年消费市场存在老龄用品种类少、产品同质化严重、市场定位相对模糊、秩序不够规范等现象。目前中国老龄用品种类较少，在一定程度上制约了养老服务水平的提升。同时,中国老龄用品企业在技术、产品、模式等方面尚存在同质化现象,在精准定位和基础研究方面仍需努力。整体来说,中国老年消费产业发展不够均衡。基础的老年养护服务、康复护理服务等产业发展较快,而投入大、产出慢、收益小的老年文化服务产业的发展相对缓慢。同时,养老服务行业发展缺乏规范性和秩序性,药品保健品市场夸大宣传、诱导消费甚至诈骗等现象时有发生,市场监管力度尚需进一步加强。除此之外,养老产业服务意识和品牌意识相对淡薄,在一定程度上制约了服务质量的提升。总体而言,老年消费市场可持续发展能力仍存在诸多不足。

(3)服务产品单一,缺乏创新

老年人旅游服务和养护服务型产品市场发展缓慢。随着经济的发展和老年人消费观念的转变,中国老年人参与旅游的人数逐年增长,尤其是中短途的旅游项目。大部分的旅行社和提供落地服务的商家只是对传统的旅游模式进行了简单的改造,服务意识有待进一步增强,譬如在针对老年人旅游的在途服务、医疗保障、景点设置及行动保障等方面缺乏必要的人性化改造。同样,老年养护服务和康复护理大多缺乏创新性和针对性,在针对不同地区、不同年龄段老年人的生活习惯和习俗差异提供对应的服务方面,还未能完全契合老年人需求,导致高端养老护理服务机构老年人入住率低。这也是服务产品单一,缺乏创新性、针对性所造成的后果。

## 4.4.2　老年消费市场发展不足的主要原因

老年人受时代背景的影响,往往具有勤俭节约和吃苦耐劳的精神,但这在一定程度上限制了老年消费需求的释放。生活在不同经济发展区域的老年人,因生活水平、身体状况、受教育程度、养老保障程度等方面存在差异,在消费方式、消费理念和消费习惯方面必然存在不同。

(1)社会养老机构服务需要进一步完善

中国社会养老服务起步相对较晚,同时随着老龄化程度的加深,社会需要更多公立养老机构。中国人口老龄化速度较快,老年人口规模不断扩大,受资金、人力及其他因素的制约,当前的公立养老机构尚不能有效满足老年人的需求。一方面,公立养老院、福利院等公共养老机构数量不足;另一方面,一些公立机构服务的工作人员相对较少,较难满足老年人对日常生活照料服务和医疗卫生服务的需求。一些养老机构服务水平大多停留在基本的生活照料层面,很难有效满足高端的文娱康养等需求,社会养老服务体系仍需进一步完善。

(2)养老金体系有待完善

中国养老金体系由公共养老金、企业(职业)年金和个人养老金三大支柱构成。目前,公共养老金主要依赖基本养老保险,而企业(职业)年金和个人养老金覆盖面相对较窄,资金占比相对较低。2022 年共有 105307 万人参加基本养老保险,基本养老保险基金收入 68933 亿元,基金支出 63079 亿元。同时,全国有 12.80 万户企业建立企业年金,参加职工 3010 万人。2022 年末企业年金投资运营规模 2.87 万亿元。[①] 由此可见,企业年金参加职工数量相对较少,企业年金规模相对较小,仍存在较大提升空间。

(3)社会公共养老服务能力仍需加强

随着中国老龄化程度的加深,失能、部分失能老年人数量大幅增加,老年人的医疗卫生服务需求与生活照料需求叠加,而目前医疗卫生与养老服务资源相对有限,在充分满足医养结合需求方面仍有较大提升空间。养老机构与医疗机构合作渠道还不够通畅,入住养老机构的老年人在看病和护理方面仍存在困难,从而影响养老机构入住率。因此,应强化基本医疗保险政策支持,优化基本医疗保险支付方式,加大国家和地方政府对医养结合机构的支持力度,鼓励保险机构开发商业性长期护理保险产品,进而有效推动医养结合的可持续发展,增强社会公共养老服务能力。

(4)老年产品市场需要健全监管机制

由于中国老年产品市场起步相对较晚,产品市场发育不够健全,因而老年产品种类相对较少,老年产品和服务供给与老年人的有效需求不均衡,从而影响了老年人的选择。老年人获取商品信息的渠道相对单一,对各类商品信息的辨识能力相对较弱,容易被虚假宣传误导。同时,老年人维权意识相对较弱,自身利益受到损害时往往不知所措,放弃维权的比例较高。因此,市场监管部门应加强监督、高效监管,加大老年产品市场监管及查处力度,严厉打击利用多媒

---

① 中华人民共和国人力资源和社会保障部. 2022 年度人力资源和社会保障事业发展统计公报[R/OL]. (2023 - 06 - 20) [2023 - 07 - 16]. http://www. mohrss. gov. cn/xxgk2020/fdzdgknr/ghtj/tj/ndtj/202306/W020230630516037377667. pdf.

体进行的虚假宣传,同时加强对老年人的科普宣传教育工作,引导老年产品市场规范有序发展。

(5)城镇化进程影响老年人口消费需求

老年人口从农村迁移至城市后,消费能力将会发生变化。随着中国城镇化进程的加快,人口进一步向城镇地区聚集,中国老年人的人均消费水平得到提升,整体消费规模扩大,消费模式也会发生改变。目前,中国城镇养老基本形成了以家庭养老为基础,以社区、公共养老机构为支撑的社会养老服务体系。随着中国城镇化进程的加快,很多年轻人进入城市定居,他们的父母将面临严峻的养老问题,很多农村家庭规模缩小,空巢比例上升,劳动力老化。因此,农村养老服务将面临着比城镇更大的压力,主要表现在:农村地区的养老保障体系相对薄弱,且多数沿袭城市的养老保障模式,无法真正解决农村老年人的养老保障问题。同时,由于农村地区的基础设施建设相对薄弱,养老服务管理体系有待健全,针对老年人的服务业缺乏有效的统一标准和规范,尤其是在偏远地区,养老问题更加严峻。

综上所述,解决当前中国人口老龄化快速发展所带来的各种问题,需要建立健全相关制度,加强老年消费市场监管,提高老年产品质量。同时,多维度增加老年人收入,是当前需要解决的首要问题。只有增加老年人收入,减轻家庭养老负担,缓解养老机构的压力,激发老年消费市场潜力,让老年人敢于消费、愿意消费、便捷消费、安心消费,才能让老年消费市场从"潜力股"真正成为"绩优股"。

# 4.5　中国老年消费市场前景分析

## 4.5.1　中国老年消费市场的缺口分析

从老年消费群体人口基数来看,中国老龄人口的急剧攀升意味着老年消费市场具有巨大潜力。但是目前的老年消费动力依然不足,除了整体消费环境的影响外,长期以来老年产品市场开发和建设相对缓慢也是老年消费需求不足的重要原因。随着中国居民收入水平的总体提高,老年人的综合收入也相应提高,并且随着社会的进步与发展,老年人的消费理念也发生了很大转变,由以前的关注"有没有"到现在追求"好不好",更注重对品质和"性价比"的追求。老年人对健康养生等方面的产品及服务需求日益扩大,对健康信息的关注程度也在逐渐增强。尤其是身体出现失能或部分失能、生活困难、没有配偶的老年人及高龄老年人,他们对日常生活照料的需求较高。然而供给方面,现有的养老服务机构提供的服务大多只能满足老年人的基本生活需求,特殊老年群体护理服务方面的养老机构数量相对较少。

第一,社区居家养老产业发展前景广阔。目前中国老年人养老方式的首选依旧是家庭养老。中国老年人对家庭养老的需求意愿随着其年龄的增长而逐渐增强,而对于社区养老方式,其需求意愿出现逐渐减弱的趋势。随着经济的发展和城镇化进程的加速,中国家庭结构小型化、代际分离和人员流动性加强的问题日益突出,空巢家庭逐渐增多,传统的家庭赡养模式面临挑战。民营资本参与的社区居家养老产业正是在这一背景下发展起来的,社区居家养老服务介于家庭养老和机构养老之间。老年人住在自己家中或者长期生活在社区里,在继续得到家人照顾的同时,由社区的养老机构或相关组织提供服务,既可以有效地减轻地方政府财政负担,又可以避免老年人不适应单一的社会养老机构。目前,中国社区居家养老模式已经在部分城市初步启动,但其覆盖面及服务内容相对于老年人口的养老需求仍存在较大缺口,尤其是对失能老年人而言。因此,社区居家养老产业的发展前景广阔。

第二,老年保险产品开发相对滞后。从国外老年保险业发展的成功经验来看,老年保险主要包括长期护理保险和商业养老保险。长期护理保险是对投保人在养老院等护理机构中所发生的费用进行补贴的保险,主要致力于为失能老年人提供康复和服务的资金保障。商业养老保险是以获得养老金为主要目的的一种人身保险,是年金保险的一种特殊形式。中国商业保险体系中老年保险产品种类较少,同时,商业养老保险产品缺乏特色,保险机构对于开发养老保险产品的创新意识有待提高。

第三,伴随中国老龄化程度的加深,养老地产的发展前景日益广阔。养老地产与传统居住房地产的区别主要体现在设计对象、生活规划及服务规划不同。相对于传统居住房地产,养老地产更注重老年人的康养结合、休闲娱乐、饮食服务等相关配套设施建设。对于一些老年人来说,房产不仅仅是居住的地方,老年人对周边生活配套环境和邻里关系依赖度较高,需要相对完善的社区生活服务和健身设施等。目前中国养老地产开发中存在的问题主要体现在运营模式不够成熟、房地产企业缺乏积极性等方面。随着国家和社会对养老问题的日益重视,依托国家政策的支持,养老地产必将适应时代需求,成为老年消费市场新的经济增长点。

第四,适用于老年人的先进医疗设备产业必然成为朝阳产业。老年人生理功能逐渐衰退,各种老年疾病发生的概率大大增加,医疗需求必然成为老年人的基本需求之一,这也将成为中国医疗设备产业新的发展方向。未来,老年人更加关注自身健康,对药品和医疗器械的需求必然会相对增加。在医疗设备可穿戴化和智能化发展的趋势下,随着需求的增加和资本的介入,中国老年医疗器械市场的发展必然成为促进老年消费市场发展的重要力量。

第五,适合老年人的旅游、教育、娱乐等文化产业需要进一步开发和完善。随着"60后"新老人群体规模的扩大,银发一族越来越受到旅游市场的青睐。经济基础良好、时间充裕,是老年人热衷旅游的主要原因。一方面,随着子女的离家,旅游成为老年人化解孤独的一种重要方式;另一方面,老年人的休闲时间较多,外出旅游有利于与周围人增强联络和加深感情。随着老年旅游市场的发展壮大,越来越多的商家开始关注老年群体,老年旅游市场必然大有可为。此外,老年教育文化产业亦有广阔的发展前景,尤其要注重营造良好的包容老年人、尊重老年人的社会氛围。比如,在文学、影视、话剧领域创作优秀的作品,针对部分老年人旺盛的学习需求,创办适合老年人需要的老年大学,合理开办符合老年人接受能力的课程,以及能使老年人更好地适应智能化社会的远程教育等等。

第六,老年健康服务市场方兴未艾。虽然近年来中国"银龄"产业发展迅速,但老年人健康服务业占比仍然较低。中国老年健康服务市场还有极大潜力可以挖掘。

## 4.5.2　中国老年消费市场未来发展潜力巨大

人口老龄化对中国经济发展既是挑战,也是机遇。人是消费的主体,数量庞大的老年人口构成了稳定的老年消费群体。随着老年人口规模的扩大,老年人消费能力的提高,适老化产品加快推出,银发经济必然受到更多关注。

第一,人类生存离不开物质和精神消费,庞大的老年人口规模代表着巨大的老年消费市场潜力。人口结构变化带来的老年消费市场潜力必然会成为经济增长的动力,同时也需要及时调整产业结构以满足老龄化社会的需求。老龄化社会的老年消费市场是巨大的。一方面,中国老龄化产业发展仍处于早期阶段,需要完善相关政策体系,以需求为导向,重点发展消费品、旅游、健康和家政服务等领域;另一方面,针对老年人多样性、个性化的需求,相关企业应进行准确的市场定位和精准的市场细分,开发设计适老化、人性化的养老产品和服务。此外,相关部门还应关注需求端。在养老保障方面,建议给予商业养老机构一定的政策优惠,鼓励商业养老机构的发展,以满足长期养老需求。在养老机构、城乡社区建立康复医疗器械服务点,开发符合老年人群营养健康需求的膳食产品,逐步改善老年人的饮食结构。

第二,随着经济发展水平的不断提高和养老保障制度的不断完善,中国老年人购买力将不断增强。老年人的消费行为需要一定的经济基础,只有增加可支配收入才能增强购买力。老年人购买力增强主要基于两个方面。一是家庭可支配收入不断增长的替代效应,即家庭养老中用于老年人的消费支出会随着家庭综合可支配收入的增长而增长;二是养老保障制度的日益完善及老年人养老金收入的不断提高。近年来,各地区相继出台的一系列助老、惠老政策,显著提高了老年人的购买力。如北京市制定出台涉老惠老政策 100 余项,形成了以《北京市居家养老服务条例》为基础,以老年社会保障体系、老年健康服务体系、养老服务体系等为主要支撑,推动老龄事业高质量发展的惠老政策体系。[①] 如《浙江省人民政府办公厅关于加快建设基本养老服务体系的实施意见》提出:面向所有浙江户籍 80 周岁以上老年人精准发放高龄津贴,每人每月不低于 60元,自 2023 年 1 月 1 日起执行,并根据经济社会发展水平定期调整。到 2025 年

---

① 王琪鹏.北京:100 余项惠老政策为老人"护驾".[EB/OL].(2022-10-04)[2023-06-16].https://www.gov.cn/xinwen/2022-10/04/content_5715767.htm.

基本形成"居家+社区机构+智慧养老"家门口养老模式。① 退休金的提高、城乡居民养老保险等社会保障制度的完善,在一定程度上改善了老年人的经济状况,有助于提高老年人的消费能力,从而为老年消费市场发展注入新动力。

现阶段中国老年消费市场的特点主要表现为日常支出占比较高、健康养生需求高、对品牌忠诚度高,以及网络消费发展快、享受型消费持续增长等。在此基础上,顾客群体为老年消费者的企业在开发产品时应以老年消费者的需求为导向,开发设计针对老年消费者的个性化老龄用品,提供人性化的服务,增加老年消费市场的有效供给,从而真正推动老年消费市场的发展。所以,应根据老龄产业发展的特征,从需求侧及供给侧两方面同时发力,深入研究老年人的消费现状、消费特点及消费心理,正确引导老年人树立科学理性健康的消费新理念,推动老年人消费实现转型升级,把服务亿万老年人的"夕阳红"事业打造成蓬勃发展的朝阳产业。

第三,伴随经济社会的快速发展,人们的消费观念会逐渐转变,尤其是老年人的消费观念。购买欲望的不断增强,会不断增强老年消费群体的消费倾向。由于各年龄组的群体成长于不同的时代背景,相似年龄阶段的人们价值观和认知态度趋同,而"60 后"新生代老年人与现阶段高龄老年人在消费态度和消费行为方面具有明显区别。新生代老年人有更强的消费实力、更强的消费意愿、更加时尚的品质追求、更加独立的个性特质和更加熟练运用网络的能力。因此,中国老年人口的购买力将继续大幅度提高。

第四,无论是居家养老还是社会公共养老,传统的孝道文化都是老年人潜在消费能力的重要基础,这也使老年消费需求具备一定的刚性。老年刚性消费需求根植于传统文化观念,表现为老年人的子女对老龄产品的购买力。在中国传统文化中,孝文化作为儒家思想的核心之一源远流长,"百善孝为先""老吾老以及人之老"的理念也深入人心。当今社会节奏的加快使得子女无更多时间和精力为老年人提供更多的生活照料,子女往往会在经济方面加大对老年人的赡养力度,以弥补自己在其他方面的欠缺,其中就包括购买各种老龄产品和相关

---

① 浙江省人民政府办公厅关于加快建设基本养老服务体系的实施意见[EB/OL].(2023-01-09)[2023-06-16]. https://www.zj.gov.cn/art/2023/1/9/art_1229017139_2451391.html.

服务以满足父母的养老需求。

第五,社会养老制度的日益完善和"银龄"产业的发展,将从供给侧促进老年消费潜力的释放。社会养老方式的多样化发展,能够有效促进社会养老服务设施和老龄公共产品的完善。此外,随着老龄产业的发展,老年房地产市场、老年玩具市场和老年休闲娱乐市场等将日益扩大和完善,这无疑会促进老年消费市场释放出巨大的潜力。

# 第 5 章　开发老年人力资源,增加有效供给,发展老年消费市场

## 5.1　开发老年人力资源,发展老年消费市场的背景

### 5.1.1　相关概念及理论研究

(1)相关概念

①人力资源

人力资源就是指人所具有的对价值创造起贡献作用,并且能够被组织所利用的体力和脑力的总和。[1] 人力资源既包括具有劳动能力的劳动年龄人口,也包括未到劳动年龄和超过劳动年龄但是仍旧具有劳动能力的人口,主要强调人所具有的劳动能力。这意味着,人力资源的含义与是否在业、是否在劳动年龄范围内没有太大关系。所以,退休后仍旧健康的,且具有劳动意愿和劳动能力的老年人口也算是人力资源。1982 年维也纳首次老龄问题世界大会通过的《老龄问题维也纳国际行动计划》指出:老年只是每一个人的生命期、事业的经验和自然延续,而他的知识、能力和潜力,在整个生命周期都一直存在。[2]

---

① 魏新,张春虎.人力资源管理概论[M].2 版.广州:华南理工大学出版社,2013:28.

② 邱少明.开发我国老年人力资源策论[J].决策咨询通讯,2009(3):65.

②老年人力资源

老年人力资源是指尽管达到老年人的年龄,但是仍旧具有健康的身体,并且可以继续为社会和经济的发展贡献自己的力量的人口,即可以作为生产要素继续投入生产的劳动力总量。老年人力资源具有自身的一些特征。第一,资本性。需要注意的是,老年人力资源所具有的资本性与青年人力资源所具有的资本性是不同的。青年人力资源所具有的资本性是青年人身上的潜在能力,这部分潜在能力通过教育、培训等手段可以转换为现实能力。而老年人力资源的资本性是通过长时间积累形成的,是凝结在老年人身上的学识、经验及技能等人的能力的总和。对于青年人的资本性,要注重"开发"及"塑造",但是对于老年人的资本性更多的是要注重"利用"。第二,时效性。一般的人力资源具有时效性,老年人力资源的时效性更强,所以对老年人力资源的开发应该及时,否则一旦老年人出现一些状况,那么他们所拥有的知识、技能、经验等就会受到影响,这对于社会而言是巨大的损失。

(2)相关理论研究

①人口老龄化与消费的关系研究

通过阅读、整理文献,对某一国家进行时间序列方面的协整性分析,虽然可以对该国家的相关问题进行综合性的分析,但是对于人口年龄结构与消费关系之间的有关结论却未能充分推导出。比如,在20世纪人口转型过程中,威尔逊通过时间序列数据对澳大利亚及加拿大进行过相关方面的验证,但是并未得出人口年龄结构与消费之间的相关结论。① 再如,弗赖伊和梅森引入新的变量年龄结构与收入增长率的交互项来研究其对居民储蓄率的相关影响,虽然此模型有一定的先进性,但是它对人口年龄结构与消费之间的关系验证也并不充分。②

以上的宏观分析存在一定的局限,就是宏观总量数据对于存在本质区别的消费者无法做出精准的区分,正因为如此,一些研究者尝试引入微观数据,特别是引入家庭调查数据开展相关研究,希望从微观层面研究人口年龄结构、再就业及消费等方面的关系。例如,微观层面的研究比较有代表性的是塞莫尔梅

① WILSON S J. The savings rate debate: Does the dependency hypothesis hold for Australia and Canada? [J]. Australian economic history review, 2000, 40(2): 199-218.

② FRY M J, MASON A. The variable rate-of-growth effect in the life-cycle saving model [J]. Economic inquiry, 1982, 20(3): 426-442.

尔、班宁克 ①和埃斯彭沙德②和针对加拿大、美国和日本三个国家的家庭收入及消费进行了调研,并对老年人群的储蓄率进行了分析,得出了人口年龄结构与消费之间存在紧密联系的结论。

国内比较有代表性的如袁志刚及宋铮③运用数值模拟进行相关研究,得出中国人口年龄结构与储蓄率之间存在紧密联系,且使居民消费倾向明显降低的关键因素就在于人口的年龄结构等相关结论。李建民以收入水平、收入来源稳定性、消费倾向及消费行为等方面作为切入点对老年人口的相关消费特点进行了分析,在此基础上对其消费需求进行了相关预测。④ 苏成玮、张艳认为在数字化时代,新的消费模式和新的消费形式不断涌现,针对老年人的新的消费需求,要研究适合老年人的消费模式,同时也认为老年人的消费心理与消费支出结构之间存在一定关系。⑤

②关于就业与消费关系的理论研究

凯恩斯认为,"消费是一切经济活动的唯一目标和对象"⑥。凯恩斯理论假定,在影响消费的各种因素中,收入是消费的唯一决定因素,收入的变化决定消费的变化。随着收入的增加,消费也会增加。⑦ 同时,在解决失业问题时,凯恩斯强调政府对经济的干预和有效需求的扩张,即扩大对消费和投资的需求以达到充分就业的目的。

根据生命周期理论和持久收入假说,在确定条件下,个体消费是金融资产和未来劳动收入折现值的函数。在不确定条件下,莱兰德建立两时期模型,认

① SOMERMEYER W H, BANNINK R. A consumption-savings model and its applications [M]. Amsterdam:North-Holland Publishing Company,1973.

② ESPENSHADE T J. The impact of children on household saving:age effects versus family size[J]. Population studies,1975,29:123-125.

③ 袁志刚,宋铮. 人口年龄结构、养老保险制度与最优储蓄率[J]. 经济研究,2000 (11):24-32.

④ 李建民. 老年人消费需求影响因素分析及我国老年人消费需求增长预测[J]. 人口与经济,2001(5):10-16.

⑤ 苏成玮,张艳. 老年消费市场特点、消费心理与市场开发策略[J]. 上海商业,2022 (8):40-42.

⑥ 转引自王二丹,王唯炜. 就业论:第一卷 就业理论体系与分析方法[M]. 北京:知识产权出版社,2019:30.

⑦ 李珍.社会保障理论[M]. 北京:中国劳动社会保障出版社,2001:95.

为收入不确定性会降低第一期消费,提高第二期消费。[1] 西布利将这一情形推广至多期,认为收入不确定性会减少当期消费,增加未来消费。[2] 消费者面临的收入不确定性越强,个体的预防性储蓄动机越强,从而越倾向削减当前消费。[3] 相反,消费者收入越稳定,预防性储蓄动机减弱,越有利于增加当前消费。国内学者刘丽丽研究发现,稳定的就业能够显著提高农民工的居住支出,增大非储蓄性保险支出的比重,且新生代农民工消费水平受就业稳定性的影响尤为明显。[4]

③关于人力资源开发与经济增长关系的理论研究

学者们普遍认为,人力资源的开发能够有效促进经济增长。罗默[5]、罗伯特和卢卡斯[6]认为,人力资源开发能够有效促进经济增长。杨建芳等建立内生增长模型进行分析,研究发现人力资源开发可以显著提高经济发展水平。[7]张同斌指出,人力资源开发可以提高劳动生产效率,推动经济增长。[8]

④其他的理论研究及相关经验

国外对老年人力资源开发的研究,不仅体现在一些著作中,如国际上关于老年人力资源开发比较知名的学术著作有詹姆斯·舒尔茨的《老年经济学》、唐·白劳德和马克·杰克逊的《劳动经济学——劳动市场的理论与实践》、马尔

---

① LELAND H E. Saving and uncertainty: the precautionary demand for saving[J]. The quarterly journal of economics, 1968, 82(3): 465-473.

② SIBLEY D S. Permanent and transitory income effects in a model of optimal consumption with wage income uncertainty[J]. Journal of economic theory, 1975,11(1): 68-82.

③ ZELDES S P. Optimal consumption with stochastic income: deviations from certainty equivalence[J]. The quarterly journal of economics, 1989, 104(2): 275-298.

④ 刘丽丽. 就业稳定性与农民工消费:理论解释与经验证据[J]. 消费经济,2021,37(1):50-58.

⑤ ROMER P M. Increasing returns and long-run growth[J]. The Journal of political economy,1986,94(5):1002-1037.

⑥ ROBERT E, LUCAS Jr. On the mechanics of economic development[J]. Journal of monetary economics,1988,22(1):3-42.

⑦ 杨建芳,龚六堂,张庆华. 人力资本形成及其对经济增长的影响:一个包含教育和健康投入的内生增长模型及其检验[J]. 管理世界,2006(5):10-18,34.

⑧ 张同斌. 从数量型"人口红利"到质量型"人力资本红利":兼论中国经济增长的动力转换机制[J]. 经济科学,2016(5):5-17.

科姆·H.莫里森的《老龄经济学——退休的前景》、霍曼和基亚克的《社会老年学——多学科展望》等,还体现在诸如日本、美国、法国、德国等典型的老龄化国家的法律法规和政策中。例如,法国作为世界上第一个进入老龄化社会的国家,于1961年发布老龄化问题的相关调查报告,促进了老龄化政策的发展与完善。

## 5.1.2 人力资源开发对居民消费的影响机制

增加居民收入可以影响消费能力。生产要素的价格决定了个人收入水平,人力资源作为新生产要素,必然对收入产生影响。受教育层次越高,人力资源存量越大,收入水平越高。凯恩斯理论认为,收入增长必然引起消费增长,而居民收入增长也同样产生收入"消费效应"。根据绝对收入假说,消费需求是可支配收入的增函数:可支配收入水平较低,则消费需求较少;可支配收入水平提高,则消费需求随之增加。① 持久收入假说则认为,消费者决定自己的支出水平不仅要考虑自己的当期收入,还要考虑持久收入。因此一个理性的消费者会根据自己的现期收入水平合理预测未来的持久收入水平,来决定消费水平。②

就业是民生之本,收入是民生之源。扩大就业、提高居民收入水平,是发挥消费对经济增长拉动作用的关键。就业条件越好、收入增长越快、居民手中掌握的财富越多,消费的动力就越大。反之,就有可能会在消费时前思后想、瞻前顾后、犹豫不决。加大人力资源开发力度,落实就业优先政策,多渠道增加收入,实现收入与经济同步增长,可以有效释放内需潜力,增强居民消费意愿和消费能力,从而实现人民群众过上美好生活的愿望。人力资源开发促进居民收入提高的路径主要有以下三条。第一,人力资源开发有助于提高个人文化素质及科技认知水平,而文化素质及科技认知水平的提升又能够反作用于人们对于工作和事物的认知,进而增强个人工作能力,提高生产效率;第二,人力资源开发有助于增强个人分析和处理问题的能力,促使个人更加理性地处理事情,做出更合理的选择,从而增强个人处理事务的能力;第三,人力资源开发有助于增强

---

① 梁东黎.宏观经济学[M].4版.南京:南京大学出版社,2007:92.
② 周海珍.老龄化社会中基本养老保险制度与经济发展的协同效应及政策研究[M].北京:中国金融出版社,2022:62.

个人获取信息的能力与求知欲,使其对新事物始终保持敏感,从而能更好地适应时代发展。由此可以看出,通过增强个人工作能力、处理事务能力和获取信息能力,人力资源开发有助于增强就业能力,进而增加居民收入。

收入增加不仅是居民生活水平提高的标志,而且可以增强居民购买力,增加各种消费支出。同时,收入层次的提升会改善消费环境,改变消费习惯,从而实现消费结构的转型升级。

### 5.1.3 开发老年人力资源对发展老年消费市场的作用

供给、收入、消费环境等因素,对于老年消费市场影响较大。要想使我国老年消费市场进一步开发和拓展,一个重要手段就是提高老年人的收入水平。开发老年人力资源,促使具备劳动能力的老年人再就业,可以增加老年人的收入,从而促进老年消费市场的发展。

(1)再就业促进老年消费市场升级

老年人在更加充分、更高质量就业的过程中,所得收入保持较快增长,带动消费水平持续提高,消费能力不断增强。老年人通过再就业提高收入待遇,就会更加关注生活质量的改善,进而促进传统消费升级和新型消费培育。

(2)再就业有利于释放消费潜力,培育消费新增长点

随着互联网数字经济的发展,涌现出了一些新的适合老年人的就业工种,这些工种不仅能够满足老年人实现自我价值、获得社会认同的需求,同时也能够在一定程度上缓解中国人口老龄化和劳动力短缺问题。同时,随着互联网的普及,越来越多的老年人开始尝试利用互联网进行求职。一些灵活就业工种也应运而生,以实现供需匹配。同时,老年消费群体对自身生活质量的新要求会促使养老服务产业进一步发展,更多的企业会在老年消费品上投入更多的精力和资源。例如开发智慧养老装备,研究适合老年人的文化消费形式等,这会充分释放养老服务的消费潜力,既能更好地满足老年人多层次养老服务新需求,又能够为老年消费市场培育新的增长点。

（3）再就业能够增强老年消费者的消费信心

一部分老年人不想在退休后荒废自己的知识、技术及专长,希望在身体条件允许的情况下继续为社会做贡献。还有一部分老年人对于退休生活不满意,进而产生孤独空虚感。通过老年人力资源开发,使具备劳动能力的老年人以自主就业的方式再次回到社会,有助于将老年人潜在价值转化为社会价值。增加个人收入,一方面能使老年人产生自我价值实现的满足感和对社会有用的自豪感,另一方面会促进消费力的可持续发展,提振老年消费者的消费信心,有利于老年消费市场的发展。

## 5.1.4 数字时代背景下互联网对老年人再就业的影响

当前,随着互联网的快速发展,数字时代来临,新产业新业态新商业模式等新经济发展为老年人提供了大量灵活就业岗位,在拓宽就业渠道、增强就业弹性、增加老年劳动者收入等方面发挥了积极作用。随着中国老龄化程度的加深,借助互联网发展,提高老年群体的教育水平,开发老年人力资源,实现老年人再就业,提高老年群体的消费水平,对促进中国经济社会发展有重要的现实意义。

本部分重点研究数字时代背景下互联网如何影响老年人再就业,以及提高老年人互联网普及率是否能够促进其再就业并增加收入,从而促进老年消费市场发展。

第52次《中国互联网络发展状况统计报告》显示,截至2023年6月,中国网民规模达10.79亿人,互联网普及率达76.4%。然而,中国网民中60岁及以上老年人仅占13.0%。[①] 在数字化高速发展的时代,互联网给人们带来了巨大的便捷"红利"——手机支付、网约车、网上售票及预约挂号等,老年人也理当享受这一"红利"。

中国人口老龄化形势日益严峻。截至2021年末,我国60周岁及以上老年人口达到26736万人,占总人口的18.9%;全国65周岁及以上老年人口达到

① 中国互联网络信息中心.第52次中国互联网络发展状况统计报告[R/OL].(2023-08-28)[2023-08-28].https://www.cnnic.net.cn/NMediaFile/2023/0908/MAIN1694151810549M3LV0UWOAV.pdf.

20056 万人,占总人口的 14.2%。① 然而,2021 年全年人口出生率为 7.52‰②。在此背景下,如何积极开发利用老年人力资源,鼓励、支持和引导老年人再就业,促进老年消费市场的发展,是一项亟待研究的重大课题。

老年劳动力蕴含着丰富的网络资本和关系资本,具备较强的再就业能力。实际上,老年人的再就业行为并没有挤占青年人的就业机会,退休返聘和延迟离退年龄等政策会增加老年劳动力供给,促进老年消费市场的发展,刺激经济增长,拉动总需求,进而增加劳动力总需求。③

总的来说,互联网的使用对老年人再就业的影响主要体现在以下方面。一是互联网的使用能够促进老年人就业水平的提升。老年人可以通过互联网快速搜寻和获取信息,掌握更多的就业信息。同时互联网也可以改善老年人的主观认知,使他们更愿意融入社会,增强自信心,进而使老年人就业水平得到提升。二是互联网的使用使老年人工作时间缩短,同时有助于提升就业质量。"尽管互联网使用导致老年人工作时间缩短,但老年人就业率的上升足以补偿工作时间的缩短,进而导致老年人劳动供给的显著增加。"三是互联网的使用对老年人劳动供给的影响将随着数字经济的不断发展而逐渐减弱。④ 基于此,应引导和鼓励老年人使用互联网,这对老年人劳动供给的增加会产生积极影响。

## 5.2　理论机制分析

互联网对就业的影响,可概括为互联网的"信息效应""学习效应"和"替代效应"。

① 老龄健康司.2021 年度国家老龄事业发展公报.[R/OL].(2022-10-24)[2023-06-16].http://www.nhc.gov.cn/lljks/pqt/202210/e09f046ab8f14967b19c3cb5c1d934b5.shtml.

② 国家统计局.人口出生率、死亡率和自然增长率[DB/OL].[2023-09-16].https://data.stats.gov.cn/easyquery.htm? cn=C01&zb=A0302&sj=2021.

③ 雷晓康,王炫文,雷悦橙.城市低龄老年人再就业意愿的影响因素研究:基于西安市的个案访谈[J].西安财经大学学报,2020,33(6):103.

④ 张世伟,王杰.数字经济时代的"老有所为":互联网使用与老年人劳动供给[J].吉林大学社会科学学报,2023,63(3):100-101.

## 5.2.1　信息效应

信息效应理论认为,互联网作为信息传播的重要渠道,产生的信息传递效应对就业活动具有积极影响。互联网普及带来的外部性能够正向影响个体工作行为。[①] 利用互联网进行工作搜寻,可以显著地降低搜寻成本,提高求职者获得工作的概率。[②] 互联网信息渠道功能有助于求职者减少 25%的失业时间,增加获得工作的可能性。[③] 互联网平台提供了丰富的信息资源,可以使求职者及时、便捷地获得相关工作岗位信息,进而拥有更多的就业选择和就业机会。[④] 对于老年群体而言,使用互联网获取工作信息也将提高其再就业的概率。

## 5.2.2　学习效应

随着互联网技术的普及和移动互联网的广泛应用,互联网逐渐成为人们获取信息和知识的重要工具。互联网平台以极其低廉的复制和移动成本成为知识和信息传递的重要渠道。老年人使用互联网学习,将以较低的成本学习新知识、新技术和新技能,提高其人力资本水平,增强其在老年劳动力市场中的竞争优势,进而提高其再就业的概率。

---

① BLOOM N, LIANG J, ROBERTS J, et al. Does working from home work? Evidence from a Chinese experiment[J]. The quarterly journal of economics, 2015, 130(1): 165-218.

② DETTLING L J. Broadband in the labor market: The impact of residential high-speed internet on married women's labor force participation[J]. Industrial & labor relations review, 2017, 70(2): 451-482.

③ KUHN P, MANSOUR H. Is internet job search still ineffective? [J]. The economic journal, 2014, 124(581): 1213-1233.

④ HOLMAN D. Job types and job quality in Europe[J]. Human relations, 2013,66(4): 475-502.

### 5.2.3 替代效应

（1）对低技能工作的替代效应

互联网技术的应用将会使技能偏向效应出现，从而有利于高技能劳动者就业。[1] 对于高技能劳动者而言，互联网与非日常性工作是互补的，有利于提升劳动生产率；而对于低技能劳动者而言，互联网是对日常性工作的替代。[2] 当老年人群体中低技能劳动者较多时，互联网可能会引致该群体再就业概率的下降。

（2）其他用途的替代效应

在现实生活中，老年人群体不仅可以使用互联网获取工作信息、增长知识和提高技能，还可以将之用于其他多种用途，比如社交、娱乐和商业活动等。鉴于老年人时间和精力有限，使用互联网其他用途的频率增加，会产生对再就业这一用途的替代效应，从而降低了老年人再就业的概率。

综上所述，互联网对老年人力资源供给的影响方向取决于正向的"信息效应""学习效应"与负向的"替代效应"的净效应。当"替代效应"大于"信息效应"与"学习效应"之和，互联网显著地降低了老年群体再就业的概率；反之，则提高老年群体再就业的概率。本部分采用 2018 年 CFPS 调查数据进行实证检验。

## 5.3 实证检验分析

本部分内容包括使用数据说明、计量模型设定及变量选取与测度。

### 5.3.1 数据说明

本部分用于经验分析的数据来自北京大学中国社会科学调查中心实施的

---

[1] ATASOY H. The effects of broadband internet expansion on labor market outcomes[J]. Industrial & labor relations review, 2013, 66(2): 315-345.

[2] AKERMAN A, GAARDER I, MOGSTAD M. The skill complementarity of broadband internet[J]. The quarterly journal of economics, 2015, 130(4): 1781-1824.

一项大规模的数据调查——中国家庭追踪调查(China Family Panel Studies,
CFPS)。该调查反映中国社会、经济、人口、教育和健康的变迁,为学术研究和
政策决策提供可靠的数据来源。本部分采用 2018 年调查数据①进行分析,调查
问卷包括家庭成员问卷、家庭经济问卷、个人自答问卷和少儿父母代答问卷四
种主体问卷类型。

为了研究互联网对老年群体再就业的影响,本部分对原始数据进行了必要
的处理。首先,由于研究的老年群体再就业是老年人退休后的问题,而我国绝
大多数农村户籍人口不涉及退休问题,因此这里不包括农村户籍人口。其次,
本部分选取了 CFPS 中 60 岁及以上年龄且已退休的老年人数据作为实证分析
的样本,用于考察互联网使用对老年人力资源供给的影响。

## 5.3.2　计量模型

为了考察互联网使用对老年人力资源供给的影响,笔者利用老年群体退休
后是否再就业测度老年人力资源供给,该变量为二值虚拟变量,因此使用 Probit
模型考察,同时亦使用 Logit 模型进行稳健性检验。计量模型设定如下:

$$pr(\text{work}_{pi} = 1) = \varPhi(\alpha_0 + \alpha_1 \cdot \text{internet}_{pn} + \sum_{m=2}^{7} \alpha_m \cdot \text{control}_{pim} + \varphi_p + \varepsilon_{pi})$$

$$(5-1)$$

上式中,$i$ 表示老年群体个体,$p$ 表示老年人所在省份。work 为因变量,表
示老年群体退休后是否再就业;internet 为核心解释变量,表示老年人是否使用
互联网;control 为控制变量集,包括人口学变量、社会经济地位变量和健康状况
变量三大类;$\varphi_p$ 表示省份固定效应,用以控制不可观测的省份特征的影响;$\varepsilon_{pi}$
为随机扰动项。值得关注的是待估系数 $\alpha_1$:若 $\alpha_1 > 0$,意味着互联网显著提高了
老年人力资源供给的概率;反之,若 $\alpha_1 < 0$,则表明互联网显著降低了老年人力资
源供给的概率。

---

① 本研究使用 2018CFPS 而非 2022CFPS 研究数据,是因为 2018CFPS 相关数据更具代
表性。

### 5.3.3　变量设定

（1）因变量的测度

本书使用的 2018 年 CFPS 调查问卷中"当前工作状态"（worktoday）和"过去一周工作状态"（workweek）来衡量城市已退休老年群体再就业状况。选取前者作为基准回归分析中的因变量，后者用于稳健性分析。该变量为二值虚拟变量，处于就业状态时取值为 1，否则取值为 0。

（2）核心解释变量的测度

本书使用的 2018 年 CFPS 调查问卷中"是否移动上网"（phone）和"是否电脑上网"（computer）来衡量老年人使用互联网的情况。考虑到移动上网较电脑上网更为方便，因此选取前者作为基准回归分析中的核心解释变量，后者用于稳健性分析。该变量亦为二值虚拟变量，使用互联网取值为 1，不使用取值为 0。

（3）控制变量的测度

①人口学变量，包括性别、年龄和婚姻状态。具体地：性别变量（gender），类型为二值虚拟变量——男性取值为 1，女性取值为 0；年龄变量（age），类型为连续型变量——取值范围为大于等于 60；婚姻状态变量（marriage），类型为二值虚拟变量——非单身状态（有配偶或同居）取值为 1，单身状态（未婚、离婚或丧偶）取值为 0。

②社会经济地位变量，包括受教育水平和收入水平。受教育水平变量（education），类型为连续型变量——文盲或半文盲取值为 1，小学取值为 2，初中取值为 3，高中、大专或技校取值为 4，大专及以上取值为 5。收入水平变量（income），使用税后退休金数额（元）衡量，类型为连续型变量——低收入（500元/月以下）取值为 1，中等收入（500~2500 元/月）取值为 2，高收入（2500 元/月以上）取值为 3。

③健康状况变量（health），使用自评健康状况衡量，类型为连续型变量——不健康取值为 1，一般健康取值为 2，比较健康取值为 3，很健康取值为 4，非常健康取值为 5。以上控制变量测度所使用的数据均来自 2018 年 CFPS。表 5.1 汇集了本部分实证研究中所使用变量的描述性统计。

表 5.1　变量描述性统计

| 变量名 | 变量含义 | 变量类型 | 样本数 | 均值 | 标准差 | 最小值 | 最大值 |
|---|---|---|---|---|---|---|---|
| worktoday | 当前工作状态 | 虚拟变量 | 2 445 | 0.249 | 0.432 | 0 | 1 |
| workweek | 过去一周工作状态 | 虚拟变量 | 2 445 | 0.220 | 0.414 | 0 | 1 |
| phone | 是否移动上网 | 虚拟变量 | 2 445 | 0.219 | 0.414 | 0 | 1 |
| computer | 是否电脑上网 | 虚拟变量 | 2 445 | 0.087 | 0.281 | 0 | 1 |
| gender | 性别 | 虚拟变量 | 2 445 | 0.481 | 0.500 | 0 | 1 |
| age | 年龄 | 连续变量 | 2 445 | 69.728 | 6.525 | 60 | 95 |
| marriage | 婚姻状态 | 虚拟变量 | 2 445 | 0.841 | 0.366 | 0 | 1 |
| education | 受教育水平 | 连续变量 | 2 445 | 3.617 | 1.213 | 1 | 5 |
| income | 收入水平 | 连续变量 | 2 445 | 2.094 | 0.807 | 1 | 3 |
| health | 健康状况 | 连续变量 | 2 445 | 2.488 | 1.104 | 1 | 5 |

资料来源:作者根据 2018 年 CFPS 调查数据收集整理。

## 5.4　实证分析与结果汇报

本部分内容包括基准回归结果、稳健性检验、PSM 再估计、内生性检验、异质性分析以及影响渠道分析。

### 5.4.1　基准回归结果

为保证研究结论的稳健性,本部分使用逐步加入人口学变量、社会经济地位变量和健康状况变量的方式考察互联网对老年人力资源供给的影响。为了减少不可观测的省份特征影响,还使用了省份固定效应予以控制,估计结果汇集于表 5.2。具体地,第(1)列是在控制省份固定效应的基础上,使用 Probit 估计方法仅考察互联网对老年人力资源供给的影响,结果表明核心解释变量 phone 的估计系数在 1% 的水平上显著为负,意味着使用互联网显著地降低了老年人力资源供给;第(2)列加入了人口学变量(包括性别、年龄和婚姻状态),发现核心解释变量 phone 的估计系数仍在 1% 的水平上显著为负,表明本部分核心结论较为稳健;第(3)列、第(4)列和第(5)列又分别加入了受教育水平变量、收入水平变量和健康状况变量,结果表明核心解释变量 phone 的估计系数依然在 1% 的水平上显著为负,再一次显示本部分核心结论的稳健性,即互联网显著降低了老年人力资源供给的概率。进一步地,以表 5.2 最后一列为例,对估计结果进行边际效应转换后,核心解释变量 phone 的估计系数为 -0.077 且在 1% 的水平上显著。这一结果表明,平均而言,每增加一个老年人使用互联网,将会使老年人力资源供给下降 7.7%。之所以出现这一结果,其可能的原因为:对于当前中国城市的老年群体,使用互联网的"替代效应"大于"信息效应"和"学习效应",引致互联网显著地降低了老年群体再就业的概率。后文将对这一结论进行更为严格、细致的实证检验。

表 5.2 基准估计结果

| | 因变量:worktoday | | | | |
|---|---|---|---|---|---|
| | (1) | (2) | (3) | (4) | (5) |
| phone | −0.488*** | −0.677*** | −0.457*** | −0.308*** | −0.309*** |
| | (−6.205) | (−8.051) | (−5.114) | (−3.339) | (−3.365) |
| gender | | 0.280*** | 0.388*** | 0.469*** | 0.453*** |
| | | (4.643) | (6.183) | (7.152) | (6.884) |
| age | | −0.050*** | −0.056*** | −0.052*** | −0.052*** |
| | | (−9.824) | (−10.417) | (−8.972) | (−8.826) |
| marriage | | 0.051 | 0.072 | 0.155 | 0.166* |
| | | (0.580) | (0.810) | (1.632) | (1.743) |
| education | | | 0.244*** | 0.106*** | 0.108*** |
| | | | (7.767) | (3.128) | (3.156) |
| income | | | | −0.616*** | −0.627*** |
| | | | | (−13.133) | (−13.158) |
| health | | | | | 0.132*** |
| | | | | | (4.736) |

续表

| | 因变量:worktoday | | | | |
| --- | --- | --- | --- | --- | --- |
| | (1) | (2) | (3) | (4) | (5) |
| _cons | -0.410 *** | 2.879 *** | 2.287 *** | 3.500 *** | 3.156 *** |
| | ( -3.237) | (7.344) | (5.569) | (7.616) | (6.750) |
| 省份固定效应 | Yes | Yes | Yes | Yes | Yes |
| N | 2399 | 2399 | 2399 | 2399 | 2399 |
| Pseudo $R^2$ | 0.068 | 0.111 | 0.136 | 0.206 | 0.214 |

注:*、** 和 *** 分别表示 10%、5%和 1%的显著水平,括号内为经过调整后的 t 值或 z 值。

关于控制变量的估计结果,与现有文献基本一致。以表 5.2 最后一列为例,具体为:性别变量(gender)的估计系数在 1%的水平上显著为正,意味着相对于女性老年人,男性老年人显著地促进了老年人力资源供给的概率。年龄变量(age)的估计系数在 1%的水平上显著为负,意味着随着年龄增大,将会显著地降低老年人力资源供给,这一结果符合生理变化规律。婚姻状况变量(marriage)的估计系数在 10%的水平上显著为正,意味着相对于婚姻状态为单身的老年人,非单身婚姻状态显著地促进了老年人力资源供给。可能原因是:伴侣在生活和精神上的互相扶持有助于老年人再就业继续发挥余热,为社会多做贡献。受教育水平变量(education)的估计系数在 1%的水平上显著为正,意味着老年人受教育水平越高,越能够促进老年人力资源供给。其可能的原因在于受教育水平越高,越可能掌握与互联网密切相关的技术、技能,拓宽再就业可选择的渠道和范围,从而促进老年人力资源供给。收入水平变量(income)的估计系数在 1%的水平上显著为负,意味着收入水平越高,越不利于老年人力资源供给。其可能的原因是:收入水平较高的老年人,其生活压力较小,更可能选择"享受天伦之乐",因而缺乏再就业的动力。健康状况变量(health)的估计系数在 1%的水平上显著为正,意味着老年人越健康,越有利于人力资源供给。这是因为身体状况是老年人再就业的基本条件,只有身体健康才能够为再就业后的工作提供保障。

## 5.4.2 稳健性检验

尽管本部分在基本回归估计中使用了逐步加入控制变量的方法,在一定程度上保证了结论的稳健性,但仍有必要进行更多维度的检验,更大程度地保证核心结论的稳健性。表5.3第(1)列使用了Logit估计方法对式(5-1)进行了重新估计,结果表明核心解释变量phone的估计系数仍在1%的水平上显著为负,即变换估计方法并不影响本部分"互联网显著降低了老年人力资源供给的概率"这一核心结论。表5.3第(2)列使用"是否电脑上网"(computer)替换核心解释变量,重新估计的结果显示,其估计系数仍在1%的水平上显著为负,即替换核心解释变量亦未影响核心结论的稳健性。第(3)列使用"过去一周工作状态"(workweek)替换因变量,重新估计的结果显示,核心解释变量phone的估计系数依然在1%的水平上显著为负,即替换因变量并不影响结论的稳健性。第(4)列同时替换了基准回归中的因变量和核心解释变量,结果表明本部分核心结论仍然稳健。第(5)列和第(6)列改变了样本量进行估计,即仅保留65岁及以上的老年群体样本。不难发现,两个衡量核心解释变量的指标估计系数皆在1%的水平上显著为负,再一次表明本部分核心结论相当稳健。

表5.3 稳健性检验

| | Logit | worktoday | workweek | workweek | age ≥65 | age ≥65 |
|---|---|---|---|---|---|---|
| | (1) | (2) | (3) | (4) | (5) | (6) |
| phone | -0.538 *** <br> ( -3.278) | | -0.243 *** <br> ( -2.622) | | -0.366 *** <br> ( -3.144) | |
| computer | | -0.407 *** <br> ( -2.589) | | -0.479 *** <br> ( -2.871) | | -0.424 * <br> ( -1.913) |
| gender | 0.806 *** <br> (7.084) | 0.461 *** <br> (7.061) | 0.476 *** <br> (7.050) | 0.486 *** <br> (7.216) | 0.414 *** <br> (5.407) | 0.417 *** <br> (5.504) |
| age | -0.093 *** <br> ( -9.041) | -0.050 *** <br> ( -8.550) | -0.056 *** <br> ( -9.078) | -0.055 *** <br> ( -8.955) | -0.061 *** <br> ( -8.022) | -0.059 *** <br> ( -7.778) |

续表

|  | Logit | worktoday | workweek | workweek | age ≥65 | age ≥65 |
|---|---|---|---|---|---|---|
|  | (1) | (2) | (3) | (4) | (5) | (6) |
| marriage | 0.295* | 0.166* | 0.143 | 0.139 | 0.133 | 0.135 |
|  | (1.782) | (1.752) | (1.464) | (1.433) | (1.283) | (1.315) |
| education | 0.206*** | 0.119*** | 0.124*** | 0.128*** | 0.102** | 0.114*** |
|  | (3.374) | (3.557) | (3.520) | (3.689) | (2.492) | (2.848) |
| income | −1.101*** | −0.630*** | −0.576*** | −0.573*** | −0.575*** | −0.582*** |
|  | (−12.918) | (−13.296) | (−11.867) | (−11.869) | (−10.849) | (−11.078) |
| health | 0.224*** | 0.131*** | 0.126*** | 0.126*** | 0.147*** | 0.143*** |
|  | (4.678) | (4.725) | (4.468) | (4.470) | (4.589) | (4.456) |
| _cons | 5.641*** | 2.955*** | 3.298*** | 3.194*** | 3.848*** | 3.603*** |
|  | (6.890) | (6.437) | (6.784) | (6.695) | (6.263) | (5.980) |
| 省份固定效应 | Yes | Yes | Yes | Yes | Yes | Yes |
| N | 2399 | 2399 | 2399 | 2399 | 1831 | 1831 |
| Pseudo R² | 0.216 | 0.213 | 0.204 | 0.205 | 0.222 | 0.219 |

注:*、**和***分别表示 10%、5%和 1%的显著水平,括号内为经过调整后的 t 值或 z 值。

## 5.4.3　PSM 再估计

根据 2018 年 CFPS 调查数据,在已退休的城市老年群体中,使用互联网比例仍然偏低,譬如"是否手机上网"调查中,回答"是"占比 21.92%;"是否电脑上网"调查中,回答"是"占比 8.67%。为了控制可能存在的选择偏差(selection bias)问题,与现有文献一致,本部分使用了倾向得分匹配方法(Propensity Score Matching,PSM)尝试予以缓解。以使用互联网的老年群体为处理组(treat=1),未使用互联网的老年群体为对照组(treat=0),使用 Logit 方法来估计倾向得分,进行最近邻(nearest neighbor matching)且有放回的匹配。表 5.4 第(1)列为"1 对 1"最近邻匹配的估计结果,平均处理效应为−0.068,且在 5%的水平上显著为负,意味着使用互联网显著降低了 6.8% 的老年人力资源供给。第(2)列和第(3)列分别使用了"1 对 3"和"1 对 5"最近邻匹配,估计结果表明本部分核心结论依然稳健。第(4)列替换了核心解释变量、第(5)列替换了因变量以及第(6)列同时替换了核心解释变量和因变量重新估计。容易发现,本部分核心结论相当稳健,亦即使用互联网显著降低了老年人力资源供给。

表 5.4  PSM 估计

| | 1 对 1 | 1 对 3 | 1 对 5 | worktoday | workweek | workweek |
|---|---|---|---|---|---|---|
| | (1) | (2) | (3) | (4) | (5) | (6) |
| treatphone | −0.068** (−2.320) | −0.052** (−2.000) | −0.061** (−2.491) | | −0.044* (−1.872) | |
| treatcomputer | | | | −0.061** (−2.302) | | −0.064*** (−2.592) |
| gender | 0.087 (0.760) | 0.087 (0.760) | 0.087 (0.760) | 0.513*** (3.031) | 0.087 (0.760) | 0.513*** (3.031) |
| age | −0.096*** (−9.450) | −0.096*** (−9.450) | −0.096*** (−9.450) | −0.085*** (−5.922) | −0.096*** (−9.450) | −0.085*** (−5.922) |
| marriage | 0.047 (0.270) | 0.047 (0.270) | 0.047 (0.270) | 0.067 (0.243) | 0.047 (0.270) | 0.067 (0.243) |
| education | 0.637*** (12.300) | 0.637*** (12.300) | 0.637*** (12.300) | 0.128*** (3.689) | 0.637*** (12.300) | 0.128*** (3.689) |
| income | −0.676*** (−8.000) | −0.676*** (−8.000) | −0.676*** (−8.000) | −0.751*** (−9.671) | −0.676*** (−8.000) | −0.751*** (−9.671) |
| health | 0.009 (0.180) | 0.009 (0.180) | 0.009 (0.180) | 0.082 (1.044) | 0.009 (0.180) | 0.082 (1.044) |
| _cons | 5.856*** (7.650) | 5.856*** (7.650) | 5.856*** (7.650) | 3.072*** (2.762) | 5.856*** (7.650) | 3.072*** (2.762) |
| 省份固定效应 | Yes | Yes | Yes | Yes | Yes | Yes |
| N | 2445 | 2445 | 2445 | 2245 | 2445 | 2245 |
| Pseudo $R^2$ | 0.206 | 0.206 | 0.206 | 0.239 | 0.206 | 0.239 |

注:*、** 和 *** 分别表示 10%、5% 和 1% 的显著水平,括号内为经过调整后的 t 值或 z 值。

## 5.4.4　内生性检验

实际上,存在老年群体再就业影响互联网使用的可能性,比如为了参加线上会议而学习上网技能等。为了控制可能存在双向因果引致的内生性问题,借鉴周洋、华语音的方法,本部分使用同一省内其他老年群体平均使用网络情况(phone_p 和 computer_p)作为个体老年人使用互联网的工具变量。首先,合格的工具变量需要满足相关性要求。平均网络使用状况反映了该省网络通达程度和使用网络的积极程度,从而会影响省内个体老年人的上网倾向。其次,还需要满足外生性要求。省内其他老年人的网络平均使用状况并不会对个体老年人力资源供给状况产生直接影响,可以认为满足了外生性要求。

由于因变量老年群体再就业为二值虚拟变量,因此采用 IVprobit 模型进行估计,具体设定如下:

$$pr(\text{work}_{pi} = 1) = \Phi(\alpha_0 + \alpha_1 \cdot \widehat{\text{internet}}_{pi} + \sum_{m=2}^{7} \alpha_m \cdot \text{control}_{pim} + \varphi_p + \varepsilon_{pi})$$

$$(5-2)$$

$$\text{internet}_{pi} = \alpha_0^* + \alpha_1^* \cdot \text{internet}_{pi,ave} + \sum_{m=2}^{7} \alpha_m^* \cdot \text{control}_{pim} + \varphi_p + \varepsilon_{pi}^*$$

$$(5-3)$$

上式中,$\text{internet}_{pi,ave}$ 表示省内其他老年群体平均使用网络情况。

Stata 软件中工具变量估计命令 IVprobit 提供了两种估计方法:两步法估计和最大似然估计(Maximum Likelihood Estimate, MLE)。鉴于稳健性考虑,本部分对两种方法测度的核心解释变量(phone 和 computer)分别使用两种估计方法(两步法和 MLE 法)进行考察,估计结果汇集于表 5.5。第(1)列的两步法估计表明,核心解释变量 phone 的估计系数仍然在 1% 的水平上显著为负,与本部分核心结论一致。第一阶段的 $F$ 值为 95.42,远大于经验值 10,表明省内其他老年群体平均网络使用程度对个体老年人使用互联网具有较强的解释力,不存在弱工具变量问题。此外,第一阶段中变量 phone_p 的估计系数在 1% 的水平上显著为正,即省内其他老年群体平均网络使用程度显著地促进了个体老年人使用互联网。而 Wald 外生性检验拒绝了老年人使用互联网不存在内生性的原假设,意味着工具变量回归估计结果与原估计结果存在显著差异,使用工具变量法进行估计是必要的。第(2)列的 MLE 估计方法显示,核心解释变量 phone 的估计系数仍然在1%的水平上显著为负,意味着本部分核心结论依然稳健。表5.5 后两列替换了核心解释变量重新估计。不难发现,在使用不同的估计方法和指标处理内生性问题后,本部分核心结论依然稳健。

表 5.5　内生性检验

| | (1) | (2) | (3) | (4) |
|---|---|---|---|---|
| | 两步法 | MLE | 两步法 | MLE |
| phone | -2.826*** (-4.075) | -2.066*** (-8.049) | | |
| computer | | | -3.049*** (-3.022) | -2.497*** (-4.910) |
| gender | 0.425*** (5.561) | 0.311*** (4.255) | 0.560*** (7.124) | 0.458*** (7.189) |
| age | -0.079*** (-7.635) | -0.058*** (-11.394) | -0.060*** (-7.899) | -0.049*** (-8.586) |
| marriage | 0.130 (1.219) | 0.095 (1.209) | 0.129 (1.280) | 0.105 (1.268) |
| education | -0.109 (-1.406) | -0.079 (-1.573) | 0.009 (0.137) | 0.007 (0.133) |
| income | -0.432*** (-5.692) | -0.316*** (-3.432) | -0.514*** (-7.660) | -0.421*** (-4.306) |
| health | 0.135*** (4.209) | 0.099*** (3.794) | 0.118*** (3.901) | 0.097*** (3.382) |
| _cons | 5.920*** (6.036) | 4.328*** (11.679) | 3.942*** (5.847) | 3.229*** (8.490) |
| 省份固定效应 | Yes | Yes | Yes | Yes |
| N | 2399 | 2399 | 2399 | 2399 |

续表

第一阶段

| | （1） | （2） | （3） | （4） |
|---|---|---|---|---|
| | 两步法 | MLE | 两步法 | MLE |
| phone_p | 0.621 *** | 0.621 *** | | |
| | （7.311） | （7.152） | | |
| computer_p | | | 0.668 *** | 0.668 *** |
| | | | （6.580） | （6.036） |
| $F$ 值 | 95.42 | — | 57.91 | — |
| Wald 检验 $P$ 值 | 0.000 | 0.000 | 0.003 | 0.002 |

注: * 、** 和 *** 分别表示 10%、5%和 1%的显著水平,括号内为经过调整后的 t 值或 z 值。

## 5.4.5　异质性分析

前文使用总样本分析了互联网对老年人力资源供给的影响,得出了"互联网显著降低老年群体再就业概率"的结论。接下来通过教育层次、收入水平和健康状况三个方面进行分样本的异质性分析。

（1）教育层次

本部分将受过大专及以上教育的老年群体划分为高层次教育水平组,其余则为低层次教育水平组。表5.6第（1）和第（2）列汇报了分组回归的估计结果。通过研究发现,低层次教育水平组的核心解释变量 phone 的估计系数在 1%的水平上显著为负,即互联网显著降低了低层次教育水平老年人力资源供给,而高层次教育水平组的核心解释变量 phone 的估计系数在 10%的水平上显著为正,即互联网对高层次教育水平老年人力资源供给具有显著的正面影响。其可能的原因为:低层次教育水平老年人,较难掌握以互联网为依托的技术、技能,更多地选择使用互联网来进行社交或者娱乐活动替代工作,从而显著地降低了老年群体再就业的概率;相反,高层次教育水平老年人,较容易掌握相关的技术、技能,因而使用互联网来工作的可能性更大,提升了其退休后再就业的概率。

表5.6 异质性分析

| | 低层次教育 | 高层次教育 | 低收入 | 高收入 | 健康状况不好 | 健康状况良好 |
|---|---|---|---|---|---|---|
| | (1) | (2) | (3) | (4) | (5) | (6) |
| phone | −0.314*** | 0.374* | 0.095* | −0.442*** | −0.382*** | 0.109* |
| | (−3.198) | (1.667) | (1.681) | (−4.240) | (−3.844) | (1.731) |
| gender | 0.481*** | 0.461*** | 0.595*** | 0.275*** | 0.474*** | 0.420** |
| | (5.901) | (3.921) | (5.255) | (3.389) | (6.634) | (2.355) |
| age | −0.045*** | −0.062*** | −0.084*** | −0.046*** | −0.052*** | −0.063*** |
| | (−6.313) | (−6.422) | (−7.947) | (−7.096) | (−8.577) | (−3.814) |
| marriage | 0.135 | 0.163 | 0.281** | 0.037 | 0.209** | −0.142 |
| | (1.053) | (1.127) | (2.132) | (0.288) | (1.991) | (−0.588) |
| income | −0.667*** | −0.619*** | | | −0.602*** | −0.744*** |
| | (−12.163) | (−6.751) | | | (−11.778) | (−5.805) |
| health | 0.129*** | 0.148*** | 0.161*** | 0.126*** | | |
| | (3.439) | (3.423) | (3.633) | (3.438) | | |
| education | | | 0.223*** | 0.111*** | 0.107*** | 0.074 |
| | | | (3.374) | (2.947) | (2.925) | (0.793) |
| _cons | 3.228*** | 4.279*** | 4.109*** | 1.345** | 3.424*** | 4.931*** |
| | (5.732) | (5.599) | (5.025) | (2.500) | (6.983) | (4.010) |
| 省份固定效应 | Yes | Yes | Yes | Yes | Yes | Yes |
| N | 1647 | 728 | 684 | 1702 | 2074 | 318 |
| Pseudo $R^2$ | 0.212 | 0.186 | 0.175 | 0.113 | 0.204 | 0.249 |

注:*、** 和 *** 分别表示10%、5%和1%的显著水平,括号内为经过调整后的 t 值或 z 值。

(2)收入水平

与前述控制变量设定基本一致,本部分将税后退休金数额高于2500元/月

的老年群体划分为高收入水平组,其余为低收入水平组,估计结果于表 5.6 第
(3)和第(4)列呈现。估计结果表明:低收入水平组的核心解释变量 phone 的估
计系数在 10%的水平上显著为正,即互联网对低收入水平老年人力资源供给具
有显著的正面影响。然而,高收入水平组的核心解释变量 phone 的估计系数在
1%的水平上显著为负,即互联网显著降低了高收入水平老年人力资源供给。
其可能的原因为:低收入水平的老年人仍然有较大的意愿再就业以增加收入,
互联网的使用对老年人退休后再就业具有促进作用。相反,对于高收入水平的
老年人,其生活压力较小而使工作意愿不强烈,更多地可能使用互联网来进行
社交或者娱乐活动来替代工作,从而显著降低了老年人力资源供给的概率。

(3)健康状况

基于 2018 年 CFPS 调查数据,将不健康、一般健康和比较健康划分为健康
状况不好组,将很健康和非常健康划分为健康状况良好组,估计结果于表 5.6
第(5)和第(6)列呈现。结果表明:健康状况不好组的核心解释变量 phone 的估
计系数在 1%的水平上显著为负,即互联网显著降低了健康状况不好的老年人
力资源供给概率。但健康状况良好组的核心解释变量 phone 的估计系数在
10%的水平上显著为正,即互联网对健康状况良好的老年人力资源供给具有显
著的正面影响。这一结果与直觉相符,健康状况是老年人力资源供给的基本条
件,越是身体健康的老年人,越能够承担再就业时的工作任务。

## 5.4.6　影响渠道分析

前文的实证分析表明:互联网显著降低了老年人力资源供给的概率,这一
结论在经过稳健性检验、PSM 再估计和内生性检验后依然成立。结合前文的理
论机制分析,这一结果出现的可能原因为,互联网对老年群体的"替代效应"大
于"学习效应"和"信息效应",从而导致了互联网使用显著降低了老年人再就
业的概率。以下对影响渠道进行实证检验。计量模型设定如下:

$$pr(\text{work}_{pi} = 1) = \Phi(\alpha_0 + \alpha_1 \cdot \text{internet}_{pn} + \alpha_2 \cdot \text{internet}_{pi} \times \text{channel}_{pi} +$$

$$\alpha_3 \cdot \text{channel}_{pi} + \sum_{m=4}^{9} \alpha_m \cdot \text{control}_{pim} + \varphi_p + \varepsilon_{pi}) \qquad (5\text{-}4)$$

其中,channel 表示影响渠道变量,包括受教育水平、社交、娱乐、商业活动、
学习和信息变量,其他符号含义与式(5-1)一致。

（1）对低技能工作的替代效应

本部分使用老年群体受教育水平来衡量劳动技能水平,为了验证互联网对低技能工作的替代效应,将变量 education 逆序排列,即大专及以上学历取值为1,文盲或半文盲取值为5,生成新变量 educa,继而设定互联网与教育水平变量的交互项为 phone×educa,然后使用模型(5-4)进行估计,结果汇集于表 5.7 第(1)列。在核心解释变量 phone 的估计系数仍然高度显著为负的情况下,交互项 phone×educa 的估计系数亦在1%的水平上显著为负,意味着随着老年群体教育水平的下降,互联网显著降低了其再就业的概率。这一结果可以与表 5.6 第(1)列的估计结果相互印证,即对于低技能劳动者而言,互联网是对日常性工作的替代。当老年人群体中,低技能劳动者较多时,互联网可能会引致老年群体再就业概率的下降。根据表 5.6 第(1)和第(2)列,本部分所使用的样本中,低教育水平的老年人占比约为70%(1647/2357≈0.699),这或许是"互联网显著降低了老年人力资源供给"这一结论的重要原因之一。

表 5.7　影响渠道分析

| | 教育水平 | 社交 | 娱乐 | 商业活动 | 学习 | 信息 |
|---|---|---|---|---|---|---|
| | (1) | (2) | (3) | (4) | (5) | (6) |
| phone | $-1.840^{***}$ | $-0.038^{**}$ | $-0.014^{**}$ | $-0.310^{***}$ | $-0.407^{***}$ | $-0.199^{**}$ |
| | $(-3.362)$ | $(-2.235)$ | $(-2.312)$ | $(-3.092)$ | $(-3.891)$ | $(-2.420)$ |
| phone× educa | $-0.388^{***}$ | | | | | |
| | $(-2.828)$ | | | | | |
| phone× communi | | $-0.469^{**}$ | | | | |
| | | $(-2.558)$ | | | | |
| phone× enterm | | | $-0.430^{**}$ | | | |
| | | | $(-2.468)$ | | | |
| phone× business | | | | $-0.004$ | | |
| | | | | $(-0.022)$ | | |
| phone× study | | | | | $0.297^{*}$ | |
| | | | | | $(1.819)$ | |

续表

| | 教育水平 | 社交 | 娱乐 | 商业活动 | 学 习 | 信息 |
|---|---|---|---|---|---|---|
| | （1） | （2） | （3） | （4） | （5） | （6） |
| phone× informa | | | | | | 0.021 * |
| | | | | | | （1.713） |
| gender | 0.467 *** | 0.442 *** | 0.451 *** | 0.453 *** | 0.452 *** | 0.464 *** |
| | （7.082） | （6.717） | （6.855） | （6.877） | （6.863） | （7.028） |
| age | −0.051 *** | −0.052 *** | −0.052 *** | −0.052 *** | −0.052 *** | −0.052 *** |
| | （−8.867） | （−8.801） | （−8.828） | （−8.827） | （−8.857） | （−8.862） |
| marriage | 0.165 * | 0.160 * | 0.169 * | 0.166 * | 0.168 * | 0.151 |
| | （1.737） | （1.686） | （1.791） | （1.745） | （1.772） | （1.581） |
| educa | −0.136 *** | | | | | |
| | （−3.982） | | | | | |
| education | | 0.104 *** | 0.106 *** | 0.108 *** | 0.115 *** | 0.102 *** |
| | | （3.041） | （3.105） | （3.142） | （3.351） | （2.962） |
| income | −0.628 *** | −0.624 *** | −0.626 *** | −0.627 *** | −0.632 *** | −0.629 *** |
| | （−13.198） | （−13.046） | （−13.112） | （−13.139） | （−13.196） | （−13.120） |
| health | 0.134 *** | 0.133 *** | 0.133 *** | 0.132 *** | 0.132 *** | 0.134 *** |
| | （4.797） | （4.786） | （4.769） | （4.734） | （4.736） | （4.809） |
| communi | | −0.164 *** | | | | |
| | | （−3.051） | | | | |
| enterm | | | −0.231 *** | | | |
| | | | （−2.981） | | | |
| business | | | | −0.103 *** | | |
| | | | | （−3.022） | | |
| study | | | | | 0.273 *** | |
| | | | | | （2.917） | |
| informa | | | | | | 0.022 * |
| | | | | | | （1.618） |
| _cons | 3.742 *** | 3.168 *** | 3.177 *** | 3.156 *** | 3.147 *** | 3.264 *** |
| | （8.134） | （6.752） | （6.750） | （6.750） | （6.728） | （6.828） |

111

续表

| | 教育水平 | 社交 | 娱乐 | 商业活动 | 学习 | 信息 |
|---|---|---|---|---|---|---|
| | (1) | (2) | (3) | (4) | (5) | (6) |
| 省份固定效应 | Yes | Yes | Yes | Yes | Yes | Yes |
| $N$ | 2399 | 2399 | 2399 | 2399 | 2399 | 2387 |
| $Pseudo\ R^2$ | 0.216 | 0.217 | 0.216 | 0.214 | 0.215 | 0.216 |

注：*、** 和 *** 分别表示 10%、5%和 1%的显著水平，括号内为经过调整后的 t 值或 z 值。

（2）其他用途的替代效应

2018 年 CFPS 调查数据中，关于互联网使用频率的调查，包括了对互联网用于工作、社交、娱乐、商业活动和学习五种用途。每一种用途的调查选项包括如下 8 项："几乎每天""一周 3~4 次""一周 1~2 次""一月 2~3 次""一月 1 次""几个月 1 次""从不"和"不适用"。本部分将每种用途变量设定为二值虚拟变量，当选项为"从不"和"不适用"时取值为 0，其他选项取值为 1。然后，设定互联网与社交用途交互项 phone×communi、互联网与娱乐用途交互项 phone×enterm、互联网与商业活动用途交互项 phone×business 以及互联网与学习用途交互项 phone×study。

表 5.7 第（2）列汇集了互联网社交用途的替代效应。结果表明：核心解释变量 phone 的估计系数在 5%的水平下显著为负，意味着本部分核心结论依然稳健。然而，交互项 phone×communi 的估计系数在 5%的水平上显著为负，意味着随着用于社交用途的频率增加，互联网显著降低了老年人再就业的概率，即对于老年人，互联网的社交用途对再就业具有显著的替代效应。

表 5.7 第（3）列汇集了互联网娱乐用途的替代效应。估计结果显示：核心解释变量 phone 的估计系数仍然在 5%的水平上显著为负，而交互项 phone×enterm 的估计系数亦在 5%的水平上显著为负，意味着随着用于娱乐用途的频率增加，互联网显著降低了老年人再就业的概率，即对于老年人，互联网的娱乐用途对再就业具有显著的替代效应。

表 5.7 第（4）列汇集了互联网商业活动用途的替代效应。结果表明：在核

心解释变量 phone 的估计系数仍然高度显著为负的情况下，交互项 phone×business 的估计系数虽为负，但在 10% 的水平上不显著异于零，意味着随着用于商业活动用途的频率增加，互联网并未显著降低老年人再就业的概率，即对于老年人，互联网的商业活动用途对再就业不具有显著的替代效应。

综上所述，本部分研究发现，老年群体使用互联网用于社交和娱乐用途显著替代了用于再就业，而用于商业活动用途的替代效应并不显著。由此可见，社交和娱乐用途的替代效应可能是"互联网显著降低了老年人力资源供给的概率"这一结论的另一个重要原因。

（3）学习效应

老年群体可以通过互联网平台学习知识、交流经验从而提高自身的工作能力，有助于提高再就业的概率。表 5.7 第（5）列汇集了互联网的学习效应，结果表明：核心解释变量 phone 的估计系数仍然在 1% 的水平上显著为负，然而交互项 phone×study 的估计系数在 10% 的水平上显著为正，意味着随着用于学习用途的频率增加，互联网显著提高了老年人再就业的概率，即对于老年人，互联网的学习用途对再就业具有显著的学习效应，这一结果与前文理论机制分析基本一致。

（4）信息效应

2018 年 CFPS 调查数据中，汇集了"互联网作为信息渠道的重要程度"的调查，具体为：-1 代表不知道，1 代表非常不重要，2 代表不重要，3 代表一般重要，4 代表重要，5 代表非常重要。剔除掉"不知道"的样本后，设定本部分实证分析使用的信息渠道变量（informa），然后生成互联网与信息交互项 phone×informa，使用模型（4）进行估计，结果于表 5.7 第（6）列呈现。容易发现，核心解释变量 phone 的估计系数仍然在 5% 的水平上显著为负，然而交互项 phone×informa 的估计系数在 10% 的水平上显著为正，意味着随着作为信息渠道的重要程度增加，互联网显著提高了老年群体再就业的概率，即对于老年群体，互联网对再就业具有显著的信息效应，这一结果也与前文的理论分析基本一致。

# 5.5 结论与启示

利用 2018 年中国家庭追踪调查（CFPS）数据，本章考察了互联网对我国城市老年人力资源供给的影响及其作用机制。实证分析结果表明，互联网对低教育水平、高收入水平和健康状况不好的老年人群体再就业具有显著的抑制作用，但对高教育水平、低收入水平和健康状况良好的老年人群体再就业具有显著的促进作用。

鉴于以上研究结论，本章获得如下政策启示：

第一，应积极推动老年教育专业化、分层化发展，提高老年群体的教育水平，提升老年群体的综合素质。一方面，建设教学体制灵活的老年大学远程教育体系，使老年人可以结合自身的时间安排达到学习的目的，为体力和精力尚佳的老年群体再就业或开辟新的事业领域提供知识和能力；另一方面，积极推动老年教育网站建设，为老年人提供政策咨询、健康教育和社会参与等信息服务，解答老年政策方面的疑惑和困惑，帮助老年人掌握科学合理的保健养生知识，满足老年人参与社会的需求。老年人通过专业知识体系的学习，提升综合素质，为老年人力资源供给打下坚实基础。

第二，应整合资源构建老年人力资源开发平台，为老年人参与社会提供技术支持，协助老年人掌握互联网相关技术、技能，从而减缓互联网对中低教育水平老年人力资源供给的消极作用。利用大数据手段，建设老年人力资源大数据信息库，建立集就业咨询、职业介绍、就业培训和就业跟踪服务等功能于一体的老年群体再就业平台，为老年人再就业提供数据支撑，对老年人再就业进行培训和心理辅导，促进经验整合并转变就业观。

第三，应加强"老有所为"的宣传，完善相关政策。应深刻认识到人口老龄化对我国经济和社会发展的长远影响，加速转变旧有观念，积极制定应对策略。鼓励收入水平较高的老年群体积极再就业，有效利用工作经验优势充分发挥余热。鼓励专业技术领域人才延长工作年限，积极发挥其在科学研究、学术交流和咨询服务等方面的作用，从而减轻互联网的其他用途对工作的替代效应，最终增加老年人力资源供给。

第四，应弹性化延迟退休年龄，完善配套政策措施，激发企业雇佣积极性。

深入贯彻《老年人权益保障法》,建议制定和出台一系列促进老年群体就业的法律法规,依法保护老年人的就业权益。同时也要保护用人单位的利益,激发用人单位开发和利用老年人力资源的积极性。此外,身体健康是老年人力资源供给的基本条件,除不断提高医疗水平外,还需要加强公共体育基础设施建设,强化宣传和普及科学保健知识力度,从而改善老年群体的身体健康状况,在数字时代有效推动老年人力资源供给,增加老年人收入,促进老年消费市场发展。

# 第6章 老龄化背景下老年消费市场践行模式研究

所谓模式,是指对现实事件与事件之间的关系及其内在机制的一种简单和直观的刻画及描述,分为结构性模式与功能性模式两种类型。它尽管是对某一事件理论描述的一种简化形式,但却使得人们对该事件的核心信息及整体轮廓有了大致的认识。它集构造、解释、启发及预测等多种功能于一体。老年消费市场开发涉及政府、企业、市场等主体,是一项复杂的系统工程,组织协调好各方,对于构建科学合理的老年消费市场开发模式,起着重要的作用。

随着老年群体规模的不断扩大、老年人生活质量的提升,我国老龄产业潜力巨大,发展前景广阔,有望成为经济发展的新增长点。但与此同时,老龄产品和服务有效供给仍显不足,供需失衡问题需要重点关注。

预计"十四五"时期,我国60岁及以上老年人口总量将突破3亿,占比将超过20%,我国将进入中度老龄化阶段。① 相关研究显示,全球消费阶层人数将从2020年的39亿增长到2030年的56亿,老年群体对这一增长的贡献很多,他们在消费阶层的人数将从2020年的约4.59亿增长到2030年的7.6亿。②与2020年第七次全国人口普查数据相比,2022年我国60岁以上老年人口增加了1602

---

① 宣传司.国家卫生健康委员会2022年9月20日新闻发布会文字实录[EB/OL]. (2022-09-20)[2023-05-16]. http://www.nhc.gov.cn/xcs/s3574/202209/ee4dc20368b440a 49d270a228f5b0ac1.shtml.

② 赵琪.积极应对人口老龄化问题[EB/OL].(2023-02-01)[2023-05-16]. https:// www.cssn.cn/gjgc/gjgc_whsh/202302/t20230201_5585545.shtml.

万人,65 岁及以上老年人口增加了 1914 万人。①虽然目前中国老年人的消费支出仍以生存型消费为主,但传统消费热点已呈现缓慢下降趋势,多样化的市场需求将逐步推动老龄用品和养老服务领域消费稳步增长。与此同时,"银发经济"正在不断孕育新的增长点,例如,近年来兴起的网络消费、定制消费、体验消费、智能消费等,这些都受到了老年群体的欢迎。随着老年人收入的不断提高、社会保障制度的不断完善,越来越多的老年人在娱乐文化、健康养老等方面的支出会持续增长,他们对晚年生活品质性、享受性要求不断提高。

# 6.1　老年消费市场开发主体及市场环境

随着我国人口老龄化程度的加深,老年人作为一个庞大的群体,愈发凸显出其重要的价值。在人口老龄化快速发展、老年人养老服务需求日益旺盛、政府扶持力度进一步加大的背景下,我国老龄产业发展面临着前所未有的机遇。在加快对老年消费市场开发投资的过程中,老年消费市场开发主体及市场环境对老年消费市场开发的广度和深度起着关键作用。

## 6.1.1　政府

现阶段,中国老年消费市场还处于分散、自发及不确定的状态,对于老年消费市场的价值评估、使用管理、权益保障体系,以及老年消费市场开发的相关理论等还需要进一步完善,而政府在老年消费市场开发过程中起着主导性的作用。对于老年消费市场开发造成的外溢效应、调控老年消费市场开发过程中可能出现的市场失灵,政府需要进一步引导。在一些老年型国家,政府已经成为老年消费市场开发的主要投资者,在老年消费市场开发的过程中政府具有一些特殊作用。另外,在老年消费市场开发过程中,政府的作用在于行使其公共权力,发挥其公共职能。这点与其他开发主体有着本质的区别。

---

① 王伶鑫.“十四五”时期老年人力资源开发潜力与实现路径研究[J].北京劳动保障职业学院学报,2023,17(2):9.

### 6.1.2 企业

中国人口老龄化快速发展,在社会总人口当中老年人口的比重越来越大。2022 年,65 岁及以上人口达到了 2.10 亿,老年抚养比高达 21.8%。[①] 在如此严峻的老龄化形势下,国家势必会推出许多对老年消费市场开发有利的政策。企业可借此契机,开发高质量、有针对性的老年消费产品。需要注意的是,企业在开发老年消费产品的过程中,要对老年人的生理特点和心理特点加以慎重考虑,要更加注重、突出老龄产品的种类、样式等。

### 6.1.3 市场环境

大力发展老年消费市场,需要营造一个良好的市场环境,社会各界对老年人应给予更多的包容与关爱,真正做到尊敬老人、关心老人,最重要的是应做到对老年人社会价值的尊重和重视。开发老年消费市场不仅是适应时代要求的体现,从长远来看,对我国经济发展具有积极的作用。

## 6.2 老年消费市场开发存在的问题

### 6.2.1 老年消费市场开发受传统观念的束缚

一方面,我国受传统儒家文化的熏陶,尊老爱老的思想一直渗透在中国人的思想中,另一方面,社会经济水平快速提高,社会发展速度加快,尤其是数字化时代的到来,老年人对于现有的社会节奏适应性减弱,一些人不能及时跟上社会的发展速度。所以,老年消费市场开发出现了文化方面的困境,这主要表现在,一是经济社会的发展以及医疗技术水平的进步,老年人的寿命在不断延

---

① 国家统计局.人口年龄结构和抚养比[DB/OL].[2023-05-16].https://data.stats.gov.cn/easyquery.htm? cn=C01&zb=A0303&sj=2022.

长,加上受传统文化的影响,中国人根深蒂固的代际回馈模式,使得人们认为老年人就应该是颐养天年、安享天伦之乐。另外,随着老龄化社会的进一步发展,老年人更多地被认为是社会中需要更多去关注、关爱的群体。

可见,随着社会的发展、经济结构的变化,消费市场储备中是否要加入老年消费市场,且成为一支不可或缺的力量,暂时还难以达成一致的看法。因为许多人都认为,老年人与社会劳动力主体(青壮年劳动力)相比,是被帮助的对象,且被认为是静态的、无生产能力的群体,对经济社会的发展不再具有更多贡献,消费自然也是如此。所以,老年消费市场的顺利开发,社会观念的转变是一个很关键的因素,而社会观念的转变也取决于社会各方的共同努力。

## 6.2.2　老年消费市场开发可能会受到"数字鸿沟"的制约

随着全球化进程加快及信息化水平的快速提升,从空间距离来考察,人与人之间的距离都越来越近。在此背景下,老年人也必然要面对文化、生活以及消费等一波又一波的革新浪潮。然而,从老年人角度来说,他们中的多数人对信息化的生活方式不太熟悉,并且对于他们中的许多人而言,子女都不在身边,这失去了能够给予他们"文化反哺"的条件,从而使得在老年人身上凸显出来的"数字鸿沟"更加明显。所以,信息化、电子化等浪潮的凸显使得一些老年人惧怕与其接触。可见,在全球化的大背景下,老年人所积累的传统社会经验显得微不足道。所谓的老化,不仅是表面上的身体机能等方面的衰退,更主要的是不能很好地跟随信息社会发展的步伐。这成为老年消费市场开发主要的阻碍因素之一。

可见,开发老年消费市场,需要老年人能完全按照自己的需要、愿望及能力参与。在老年消费市场开发中,包括政府和其他的社会组织、团体、个人等都起着非常重要的作用。

## 6.3 老年消费市场开发模式分析

### 6.3.1 模型设计

现阶段,在消费市场开发模式方面几乎所有的模式都是从企业的角度对问题进行研究,很直观地说,其范畴基本上都是属于企业组织内市场管理模式,缺乏系统性针对老年消费市场全过程的开发模式,而针对企业组织外老年消费市场开发模式的更是鲜见。老年消费市场开发,不仅仅是政府的责任,更是整个社会的责任,是政府、企业、社会各界力量及老年人自身共同配合、共同作用的结果。本部分就是以此为契机,构建一个包括各方力量在内的合理的老年消费市场开发模型,从而能够有效地进行老年消费市场开发。

### 6.3.2 模型描述

(1)政府方面

在老年消费市场开发的整个过程当中,政府扮演着支撑起整个老年消费市场开发的核心角色,包括制定相应的法律法规、提供资金方面的支持、营造良好的社会舆论氛围等。

开发老年消费市场是一项复杂且庞大的社会系统工程,而不是一个简单的项目,它的成功需要统筹兼顾、合理科学地安排和政策方面的相关支持。所以,要依据中国老龄事业发展的相关要求,在老龄化背景下,有针对性地开发利用老年消费市场,以实现老龄事业的中长期发展,建立健全老年消费服务体系。另外,对于老年事业的社会管理工作也应特别重视,所以,对于城乡涉老消费市场应进行大力推广,同时对于老年配套文娱设施也应给予重点关注,这样才能将老龄化的压力转化为动力,为经济的进一步发展做贡献。

①相关部门齐抓共管,不断完善制度,强化监管力量

"十四五"时期,我国老年人口规模增大,老年人群消费需求及消费能力的提升,为银发经济的发展带来巨大潜力。但是,在老年消费市场开发的过程中,

一些不法分子抓住老年人的需求特点,以名不副实的产品、夸大其词的宣传扰乱了老年消费市场的秩序。中信银行和中国老龄科学研究中心联合发布的《老年金融消费者权益保护调查报告》显示,大约有一成受访者在过去三年中遇到过诈骗,其中大约有四成受访者遭遇了经济损失。① 针对老年消费市场的违法乱象,相关部门应齐抓共管,在不断完善制度的同时强化监管力量,依法打击、整治、规范侵害老年人权益的乱象。

②建立"智慧老年医疗系统",开发老年消费市场

不管是从理论角度还是从实际来看,健康这一因素对消费市场开发都有着显著性的影响。健康作为老年人再就业的前提,在老年人后续的工作中也发挥着关键性的作用,有了健康才能继续工作,这也就奠定了再消费的基础。所以,"智慧医疗"应该成为顺利实现老年人消费市场开发的基础和前提。

(2)企业方面

开发老年消费市场是一项系统性的工程,企业除了扮演产品供给方的角色外,还要为老年人设置一定量的适合岗位,发挥老年劳动力优势,增加老年人收入,实现老年人价值,助推老年消费市场的发展。

①产品研发方面:实用方便,针对性要强

企业在研发老年产品时,要抓住老年人的生理和心理特点,更加注重产品的实用性、方便性、保健性。例如,在吃的方面,老年人更加注重咀嚼起来方便、容易消化,并且更加健康的食物;在穿的方面,应更加注重服饰实用大方,并且在穿脱方面要便捷;在用的方面,应主打轻便以及实用。

②产品价格方面:合理细分,更有针对性

在对老年消费市场进行合理评估的基础上,针对不同群体、不同产品要有针对性地制定不同的价格。

③促销策略方面:质量过硬、以情动人

大部分老年人渴望与人接触,渴望得到家人和社会各界的关注和尊重,所以企业在营销环节,除了产品质量要绝对过硬之外,更要以真情打动老年人,处处为老年人着想,以真情换取老年客户的信任。

---

① 鲁元珍,孙智蒲. 规范老年消费市场:银发经济兴起,"适老"更要"护老"[N]. 光明日报,2023-04-06(15).

（3）市场环境

①利用媒体加大宣传力度，营造积极的氛围

在老年消费市场开发方面，社会各界应树立起积极的意识，为老年消费市场开发营造良好的市场环境。例如，新闻媒体可以为老年消费市场进行积极宣传，形成积极的社会氛围。

②成立老年人志愿者组织，为老年人提供合适的有酬工作机会

这将对有工作需求的老年人及渴望回归社会的老年人提供机会。根据老年人的相关工作背景及其专业技能，设立老年人志愿者组织，让更多对工作有需求的老年人得到有酬工作机会。

③老年人协会

老年人协会组织应发挥其应有的作用，积极有效地将老年人组织起来，这不但有利于对老年人进行管理，而且对于增进老年人之间的相互交流和理解有着很重要的作用，对于破解"数字鸿沟"，开发老年消费市场也有着积极作用。

（4）老年人自身

①接受培训

随着社会的进步、时代的变迁，老年人应不断完善自己，提高自身能力，这样才能跟得上时代发展的步伐。所以，老年人要学会主动地接受教育和培训，这样在数字时代的背景下，能更好地提高自身能力，增加收入，满足其消费需求。

②适应环境

对于快速变化着的外部环境，老年人应学会不断地适应，只有这样，才能在快速发展的环境中不被社会所淘汰，实现自己的价值。

③转变观念

老年人要从自我做起，更新观念，树立正确的思想意识，要觉得自己是被社会需要而不是被淘汰的，在身体条件允许的情况下要鼓励家人及朋友支持自己发挥应有的作用。

### 6.3.3　模型理论价值

在老龄化背景下，开发老年消费市场显得至关重要，而现有的文献缺乏对

消费市场的一整套具体模式及整体的框架结构。所以,本部分研究的理论价值就在于构建起了囊括政府、企业、社会各界及老年人自身在内的关于老年消费市场开发的模式,进而能为现实中的老年消费市场的开发提供一定的理论参考。

模型如图 6.1 所示。

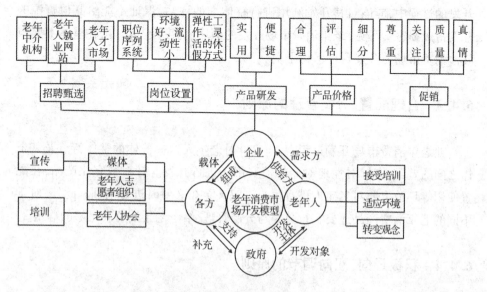

图 6.1　老年消费市场开发模型

# 6.4　老年消费市场开发的原则

## 6.4.1　立法保护的原则

与年轻人一样,老年人应该拥有享受美好生活的权利。在身体条件允许的情况下,退休老年人的各项权利得到保障,这有助于老年消费市场的顺利开发。但是,在实际情况中通常会有一些阻碍老年消费市场顺利开发的因素。所以,为了促进老年消费市场的顺利开发,还需进一步完善现有针对老年群体的法律法规,依法保护老年人消费的合法权益。

### 6.4.2　平衡发展、充分发挥优势的原则

开发老年消费市场要依据资源优化配置及经济学资源开发的总体规律,要在拥有整体观念及全局意识的基础上对其开发和利用。所以,在老年消费市场开发的过程中,应该对其开发利用进行整体上的评估,保证不能给其他资源的开发造成损害。可见,老年消费市场开发的顺序、力度及其广度,在整体上要与其他消费市场的开发目标保持平衡。

### 6.4.3　合理配置、分类管理的原则

在老年消费市场开发过程中,应该针对老年人这一群体的整体特点及其个体之间的差异,有针对性地对老年消费市场进行开发。针对数字化产品,在配置使用等环节上要对老年人进行耐心讲解甚至在必要时进行培训。此外,对于不同的老年消费产品还要实行分类与分层管理,给予老年消费者足够的尊重。

### 6.4.4　积极导向、双向调节的原则

随着中国老龄化程度的进一步加深,政府及社会各界应该积极支持并引导老年人转变观念,使老年人更好地追求自己晚年的美好生活,助力老年消费市场的开发。

从总体上来说,要积极努力地建立并且逐步完善老年消费市场机制,对于市场中的供求信息,要准确、及时、方便且快捷地传达给老年人,为老年人能够买到自己满意的产品创造一个良好的中介服务环境。此外,从各级老年管理组织角度来看,这些管理组织应该积极引导并且定期组织老年人参加各种有益的社会生产和公益活动。

### 6.4.5　"养为"结合的原则

受我国传统文化影响,一般60岁以上的老年人就已经进入"老有所养"的

阶段,而现实生活中,要达到所谓的"养"可能与老年人自身需求还有所差距,所以老年人应从自身出发,通过快乐消费满足其对于物质和精神方面的需求。身体健康的老年人可通过再就业来提高其收入水平,参与老年消费市场的发展,当然,老年人在这点上一定要量力而行,正确对待"养"与"为"的关系。

# 第7章 老龄化背景下老年消费市场开发的对策建议

党的十九届五中全会通过的《中共中央关于制定国民经济和社会发展第十四个五年规划和二·三五年远景目标的建议》，提出"实施积极应对人口老龄化国家战略"，这在历次党的全会文献中是第一次，是以习近平同志为核心的党中央总揽全局、审时度势做出的重大战略部署。① 人口日趋老龄化，正成为我国经济社会发展的一个阶段性特征。国务院印发的《"十四五"国家老龄事业发展和养老服务体系规划》(以下简称《规划》)指出："人口老龄化是人类社会发展的客观趋势，我国具备坚实的物质基础、充足的人力资本、历史悠久的孝道文化，完全有条件、有能力、有信心解决好这一重大课题。同时也要看到，我国老年人口规模大，老龄化速度快，老年人需求结构正在从生存型向发展型转变。""建设与人口老龄化进程相适应的老龄事业和养老服务体系的重要性和紧迫性日益凸显，任务更加艰巨繁重。"②《规划》强调："坚持党委领导、政府主导、社会参与、全民行动，实施积极应对人口老龄化国家战略，以加快完善社会保障、养老服务、健康支撑体系为重点，把积极老龄观、健康老龄化理念融入经济社会发展全过程。""在老有所养、老有所医、老有所为、老有所学、老有所乐上不断取得新进展，让老年人共享改革发展成果、安享幸福晚年。"《规划》提出了"十四五"时期的发展目标，即养老服务供给不断扩大，老年健康支撑体系更加健全，为老服

① 李纪恒. 实施积极应对人口老龄化国家战略[N]. 光明日报,2020-12-17(6).
② 国务院关于印发"十四五"国家老龄事业发展和养老服务体系规划的通知[EB/OL].(2022-02-21)[2023-05-16].https://www.gov.cn/zhengce/content/2022-02-21/content_5674844.htm.

务多业态创新融合发展,要素保障能力持续增强,社会环境更加适老宜居。并明确了养老服务床位总量、养老机构护理型床位占比等 9 个主要指标。同时,《规划》设置了公办养老机构提升行动、医养结合能力提升专项行动、智慧助老行动、人才队伍建设行动等专栏,推动重大战略部署落实落地落细。

推动老年消费市场多元化、多样化发展,积极应对人口老龄化,是推动社会经济发展的一项紧迫任务。老年消费市场开发是一项复杂工程,有需求多样化、投入多样化、要素多样化的特点,这需要各方力量的共同努力。

现阶段,我们要充分认识推动老年消费市场多元化、多样化发展的意义,支持和鼓励社会组织参与养老服务业发展,为老年人提供高质量的养老服务。各级政府对开发老年消费市场应给予足够的重视,涉及老年消费市场开发的相关产业,可以通过税收政策、费用减免政策及信贷支持等政策向老龄产业倾斜,促进老年消费市场的形成及拓展更大的消费空间。在制订社会经济发展规划及相关计划时,应把其列为其中的一项内容。除了政府之外,社会力量也应参与老龄消费市场的开发,开拓老年消费市场新的领域。在建设城镇社区建设规划及旧城改造布局的相关项目时,应更多地关注老年消费市场商业网点的相关培育。引导企业生产和提供能够满足老年人消费需求的各种商品和服务,建立起完备、有序、门类齐全、品种多样、经济适用的老龄消费市场体系。

# 7.1　市场参与主体各归其位、各尽其职

## 7.1.1　政府层面

一是老龄产业涉及老年人生活的各个方面,离不开政策引导。政府应从宏观层面把握老龄产业发展,为老年消费市场的发展提供强有力的政策支持和法律规范,从政策和法律层面保障老年消费市场合理有序运行,通过对老年消费市场政策法规的完善健全,营造有利于老年消费市场开发的市场环境。

二是针对老龄产业,可由政府牵头,企业为参与主体,市场作为主导方,采取福利性商业化运作的模式。针对老年人的不同需求结构和需求层次,进行适当、合理的市场划分,从制度上完善老龄产业发展的框架,充分保障老年人的消

费权益。建议大力发展老年卫生保健、老年护理、老年娱乐、老年教育、旅游消费、老年人再就业等老年产业。积极构建起多层次、全方位的老年产业发展体系，推动老年产业的社会化、产业化。

三是发展老年消费市场，需要政府相关部门加强宣传、引导，更新产业观念，制定有利于老年产业发展的税收、信贷、投资等政策，通过税收优惠、费用减免、信贷支持等手段给予老年产业更多的扶持，积极鼓励、引导、规范个体经济、私营企业及外资参与等非公有制经济参与老年消费市场的发展。

四是应积极发挥指导监督作用，尽量避免市场失灵现象的发生。在加大舆论宣传的同时，建立相关网站为老龄产业的发展提供信息，避免出现企业与老年消费者之间发生信息不对称的现象，增强买卖双方的信息交流，促进老年消费市场公平、健康发展。

## 7.1.2 企业层面

一是创新养老产品与服务。例如，提供适合老年消费需求特点的旅游产品。大力发展老年旅游业，开发老年休闲度假产品，通过此方式进一步促进区域经济发展。此外，积极开发适合老年人居住养老的房地产项目，建设配套医疗设施、老年食堂、老年活动中心、老年大学等项目，通过老年活动中心及老年大学等项目，开发多样化产品，如书籍、影视、戏曲、书法等，满足老年人在精神文化消费方面的需求。

二是创新养老模式。传统养老模式包括居家养老、机构养老、社区养老等，企业可针对当前养老模式存在的局限性，进一步创新养老模式，探索"社区+机构+家庭"的新型养老模式。利用现阶段中国大力调整产业结构、发展第三产业的契机，对传统养老模式进行升级、优化，针对老年人口的消费能力、消费心理及消费需求，生产出真正适合老年人不同需求的消费产品，大力推动老年消费市场的发展。将养老机构建立到社会中去，通过机构直接为老年人提供高水平、高质量的社会化养老服务。

三是改变老年消费市场的营销策略。在产品开发方面，企业应充分考虑到老年人的消费特点，产品除了方便适用、贴近老年人生活外，在价格制定方面也要合理。企业在宣传方面不应只看重老年人自身的消费水平，还应抓住消费者心理,挖掘老年人子女对老年产业的消费潜力,促进老年产业成为真正的朝阳产业。此外,在营销策略方面,企业还应注重老年人的心理需求,站在老年人的角度对其产品进行宣传,例如,以智能手机为例,企业可以通过手把手方式教老年人掌握智能手机的用法,帮助老年人跨越数字鸿沟。具体可从日常使用等板块制作智能手机的使用手册,各个板块都应有详细的图文讲解,帮助老年人更好地熟悉智能手机。通过这些方式,企业可以积极引导老年人掌握新技术新技能,同时引导老年人走出家门,在场景中感受数字时代带来的便捷,打消老年人的消费顾虑。

### 7.1.3　社会层面

一是相关学者应重视与老年消费市场开发相关的研究。现阶段我国老龄化发展速度较快,相关学者应发挥带头作用,通过实地考察、调研,加大对老龄化问题的研究力度,为积极应对人口老龄化建言献策。同时向社会大众进一步普及老龄化成因、可能出现的问题等相关知识,引导社会大众积极关注老年人群体,进而参与到老年消费市场开发中来。

二是社区、老年大学等可通过讲座、谈心等方式舒缓部分老年人因年龄增长、退休、衰老等带来的各种焦虑,引导其实现正向消费。人类的认知能力会随着身体老化而衰退,但通过科学的干预可在一定程度上改善并提高老年人的认知水平。积极的心态不仅有利于暂缓老年人认知能力的衰退,而且有利于老年人健康长寿。所以,社区、老年大学等可通过多种方式为老年人营造良好的社会氛围,为老年人创造更多实现其价值的机会,增强老年人的心理认同感,引导老年人以乐观的心态面对退休、衰老等问题,从而促使老年人在消费市场上能够实现理性消费、正向消费。

## 7.2　为提高老年人口素质创造条件

1996 年通过的《老年人权益保障法》提出:"老年人有继续受教育的权利。国家发展老年教育,把老年教育纳入终身教育体系,鼓励社会办好各类老年学校。各级人民政府对老年教育应当加强领导,统一规划,加大投入。"① 故加强老年人受教育权利,提高老年人素质是国家社会等各方面的要求。

提高老年劳动力的受教育水平,不仅能够增强老年人的自身素质,进而提高其就业能力,而且对老年人日常生活水平的提高有着积极的意义。提高老年人受教育水平,应该主要从三个方面着手:首先,加强对有劳动意愿且身体健康的低龄老年人的劳动技能培训。通过再就业技能的培训,这部分老年人可以增强再就业的能力,再就业意愿会转变为真正的再就业行为。其次,建议为这部分老年人中文化水平较低的提供免费的文化普及教育,进而普遍提高老年人的知识文化水平。第三,完善老年大学的相关课程。满足老年人的各种知识和文化的需要。此外,应该组织老年人参加一些文化娱乐活动,丰富老年人的生活,为老年人身心健康发展创造条件。

## 7.3 开拓中国老年消费市场的新领域

老年消费市场并不仅仅涉及消费市场的一个领域,而是涉及国民经济中与老年消费市场有关的各个行业、各个部门,既涉及第一产业、第二产业,也涉及第三产业。不仅包括衣、食、住、行等方面,还涉及医疗、保健、文娱、金融保险、咨询服务和家庭服务等方面。中国老龄产业尚处于起步阶段,发展空间及潜力巨大,在开发老年日用品消费市场的同时更要注重老龄服务市场。

### 7.3.1 开发老年日用品消费市场

(1)开发老年食品和保健品市场

开发老年人需求量较大的普通食品和老年营养食品。普通食品包括面食、糕点、汤料等。经过改善的食物,其物理形状应满足咀嚼和(或)吞咽功能下降的老年人群需求,食物形态要从固态到液态,包括软质型、细碎型、细泥型,高稠型、中稠型和低稠型等,可以满足老年人饮食需要或营养需求。老年营养食品

---

① 中华人民共和国老年人权益保障法[DB/OL].(2018 - 12 - 19)[2023 - 05 - 16].https://flk.npc.gov.cn/detail2.html? ZmY4MDgwODE2ZjEzNWY0NjAxNmYyMGY0NTE3E3NDY%3D.

富含蛋白质、脂肪、维生素、碳水化合物及矿物质等营养素。老年营养食品包括全天然营养食品和特殊营养食品,全天然营养食品指的就是食品在生产加工过程中,不加入任何添加剂成分,食品本身含有人体所必需的营养成分,如奶产品、蜂产品、茶叶等。特殊营养食品,是指通过改变食品的天然营养的成分和含量,加入适量的维生素、矿物质和(或)其他成分生产加工制成的特殊膳食用食品,适用于营养不良和(或)有营养需求的老年人群,比如高蛋白食品、强化钙食品等。近几年,我国老年人人均消费水平提升,食品消费占生活类消费比重较大。因此,应进一步开发老年食品,尤其应开发适合营养摄入不均衡的老年人的食品。同时,老年食品不应局限于普通型和基本营养素型等种类,更应该满足老年人在生理和心理上对食品的双重需求。例如,多样化的饮品乃至零食化食品,都是未来老年食品的研发方向。

另外,老年人对保健食品认同度较高。老龄保健食品,是指以补充维生素、矿物质为目的的营养补充剂和具有特定保健功能,适宜特定人群,具有调节机体功能,添加维生素、矿物质或其他成分的,补充老年人群营养、改善老年人群营养状况的特殊食品。目前,老年人退休工资逐步提高,社会保障体系更加完善,老年人对保健品的需求量也越来越大。

《2022 年养老消费调查项目研究报告》指出,消费者对老年保健食品和专用食品认同度较高。45.35% 的消费者认为老年保健食品和专用食品有效果,食用有益健康,36.67% 的消费者不确定食用实际效果,但愿意尝试。表明更具消费能力的低龄老年人,对生活品质有着更高要求,助推老年产品消费升级。[①]

(2)开发包括老年化妆品、电子产品以及代步工具在内的商品

在将来,满足老年人美好生活需要的产品必将成为老年消费市场的主导,包括消费类电子产品、美容化妆品、娱乐产品等。随着生理机能逐渐衰退和信息化社会的迅速发展,老年人对功能强大的电子产品有着十分强烈的陌生感,经常会感到无所适从。因此,开发适合老年人的电子产品,除了要保证功能的简洁直观,最好针对老年群体的整体特征,突出人性化以及个性化设计。例如,老年人使用的拐杖除了实用性之外,还应注重外形古朴、能伸缩等,最好是能增

---

① 中国消费者协会. 2022 年养老消费调查项目研究报告[R/OL]. (2023-04-19) [2023-05-16]. https://p. cca. cn/ueditor/files/2023-04-18/844c3920-4bac-4515-a865-1d0b16afcbb5. pdf.

加智能化设计,带有声光电功能,可以引起过往车辆和行人的注意等。此外,电子产品对于误操作的容错性要较高,按钮要少且误操作有声音提示等,设计应简洁大方易操作、字体要醒目,最好有夜光功能,说明书字要大或提供视频化的说明。

### 7.3.2 开发老年住房消费市场

随着中国进入老龄化社会速度的加快,适老化住房市场需求不断扩大,老年住宅市场的建设开发迫在眉睫。未来,中国老年住房市场将朝着社区规模化、功能多元化、宜居设计人性化、养老健康服务专业化等方向发展。

(1)设计适合老年消费者的住宅

在进行室内设计时要考虑到老年人的心理、生理需要,既要做到无障碍通行,保障安全性,又能满足老年人家庭养老不脱离原社区的生活方式。室外设计要有利于老年人安全通行,公共空间规划及设计合理。环境要优美宜居、道路平整且休憩设施完备,还要有较好的适老交通。起居生活方面要便捷化,电梯及扶手要有适老设计。户型设计也要融入多样化元素,房屋设计要方便实用,无障碍化,比如起居室、卧室等应有良好的朝向,考虑采光、通风、视野、景观等方面。地面设计应采用防滑材料,电源开关、插头等应突出适合老年人专用的特征,全屋的智能报警装置和适老助力设施等应体现对老年人的人文关怀。

(2)开发合住型和邻居型等新户型

我国老年人受传统观念影响,愿意与子女同住或靠近子女居住。为满足这部分老年人的居住需求,应推行创新型的合住型和邻居型的住宅模式。合住型就是在设计住房时,把住房设计成两个或两个以上相对独立的单元户型,这种设计可以是同一楼层,也可以是小错层、跃层、复式建筑等形式。分开的户型中老年人居住的卧室、厨房、卫生间等要相互独立,减少干扰,不仅老年人能按自己的生活方式生活,邻里之间还可以相互照顾、相互交流。邻居型就是在同一个小区设计适合老年群体居住的住宅,或者在同一栋住宅的特殊位置建造一定比例的、适合老年人居住的增加适老配置设施的户型。国家应鼓励引导开发商配套供应的体系,按照养老机制满足两代人的养老、敬老要求,这样就形成了距离相对较近的家庭空间结构模式。

（3）现有的社区住房加以改造,建设低成本故土居家养老房

在过去的几年中,我国改建、扩大、改善生活设施及居住环境,以较少的资金办最好的事情,受到老年人的欢迎。一些国家从 20 世纪 70 年代后期就逐渐停止新建城市养老设施,取而代之的是对原有住宅的修复和修建。我国老年人普遍有故土难离的情结,对以前居住的社区依赖感较强,并且很难适应新的环境和新的邻居,老年人愿意生活在自己熟悉的社区和环境里,对原有的住宅有着很深厚的感情,基本都不愿意离开。

（4）开发建设老年人住宅和老年公寓

老年公寓包括独立型老年公寓、集合型老年公寓和护理型老年公寓。独立型老年公寓,主要是针对身体健康可以独立生活有自理能力的老年人,有成熟的社区服务体系,交通便捷,社区各种娱乐场所活动丰富。在户型设计上厨、卫、起居室面积比较小,但有智能化的适老设施、更加专业和规范的物业管理及医疗保健护理。集合型老年公寓,住宅内也设置了更加方便、安全的社交娱乐场所以及就餐、洗衣、房间清理、日常活动辅助等设施,医疗、护理方面都有专门服务人员为其服务。老年人大部分的活动是在公共、半公共场所进行,几位老年人可以组成一个小集体,他们之间可以相互照应。护理型老年公寓,房间内进行无障碍建筑设计,具有智能化的独立卧室以及卫生间。该类型的公寓能为老年人提供 24 小时的护理以及医药监督和康复治疗的服务,且护士和护工都有相应的资质。

## 7.3.3　开发老年社区服务市场

第一,建议建立统一的城市社区养老制度,完善组织网络制度。以街道为中心,实现区县和社区居委会的联系。居委会落实养老工作的各项政策、规章制度,并对养老的执行力度进行监督管理。街道服务中心不仅提供养老相关服务项目和适老设施,还应通过各种养老活动和上门服务,帮助老年人适应社会分工角色的转换,加强老年人与社区的联系。同时通过建立社会救济网为老年人提供物质援助,系统有效地监督养老政策实施。

第二,逐步完善老年人社区养老服务。实现服务主体和服务对象社会化、服务设施社会化、养老服务融资社会化、专业服务队伍社会化、养老服务项目社

会化、养老服务监督管理社会化。充分发挥社区养老服务功能,拓展消费空间,为老年消费者提供综合性社区服务。社区养老服务的内容逐渐从救助、医疗、文化、娱乐等服务扩展到家庭帮扶服务、托管看护服务、医疗护理服务、娱乐学习服务、情感慰藉服务等综合社会化服务。

第三,加大社区养老资源整合力度。社区养老服务依赖于社会各界,需要社区非营利组织、企事业单位和社区居民的广泛参与。基层社区整合人、财、物资源,逐步树立服务群体的养老意识。此外,应建立健全包含激励机制和责任机制在内的参与机制,并向制度化、规范化方向推进,同时也应注重先进性和广泛性相结合,体现无私奉献精神。同时,加强对社区居民的宣传教育,提高全民参与积极性。

第四,为社区养老建立高素质的专业服务队伍。一方面,建立在职人员培训制度,目前很多高校开设社会工作专业和老年学相关的课程,为社区工作培养了后备人才。另一方面,应该大力开展社区养老服务的就业工作,即鼓励和引导社区再就业职工和失业人员,参与社区养老服务。

### 7.3.4 开发老年教育消费市场

随着经济的发展和居民收入水平的提高,老年人知识更加丰富,眼界更加开阔,身体更加健康,生活更加富足,这有利于促进社会的发展。因此,根据中国老年人口特点和教育需求,应开发老年教育消费市场并积极完善老年教育运行机制,推动老年教育市场朝着健康方向发展。老年人还应树立积极的老年观和终身学习的观念。通过政府与各类社会组织的大力合作,积极推动符合中国老年人口特点和教育需求的老年教育改革和老年人力资源开发。

首先,应重视老年大学的建设和发展。老年教育是教育事业的一部分,政府除了资金支持外,建议出台相关政策,吸引更多的社会力量参与建设老年大学,促进老年教育市场的发展。此外,老龄化教育正在走向市场,除了加强政府管理和增加投资之外,还应该积极鼓励社会力量参与建立老年大学,扩大老年大学社会投资的规模。特别是在农村地区,保持办学制度的现有优势,实现旧学校政策的调整,增加老年大学数量,提高办学质量。同时,挖掘老年教育行业的市场潜力,加强对老年教育的产业规模、产业结构、产业盈利水平等多个角度重点细分市场领域的深度研究,明确老年教育的发展方向。

其次,应创新养老教育市场化的教学模式。从产业规模上看,以街道社区为核心的教学规模相对较小,专业化知识涉猎面比较窄。从教学资源上看,加强老年教育应配备相应的教师和适老教材数据库。同时,随着网络的普及和发展,老年教育也要跟上网络时代发展的步伐,应利用社交多媒体平台以短视频或者音频的方式进行互动学习,有条件的老年人可以参加在线直播教学。因此,在老年教育的教学方式上,可采用在线直播教学+线下社群辅助教育双师模式,充分利用广播、电视、计算机、智能手机等现代媒体技术,建立城乡老年教育网络体系。充分利用和调动各种资源,使老年大学朝着多体系、多层次、多学科、社会化的方向发展。

再次,应大力发展农村老年教育。近年来国家出台了一系列支农惠农政策,为农村又好又快发展和社会主义新农村建设提供了良好的政策支持,为提升农村老年人知识文化水平,推动农村老年教育发展创造了良好的物质条件。此外,新农村文化建设的逐步深入,也为农村老年教育的发展搭建了良好的平台,老年人生活水平提高,老年人也树立起了新的生活目标。

## 7.3.5　开发老年护理服务市场

发展中国老年护理服务市场,需要以政府为主体,以社区为依托,以校企合作为基础,研发老年护理项目,搭建起老年护理工作平台,逐步建立起从"家庭养老"向"社会养老"转变的老年护理服务市场框架,建立社会化、多元化的养老护理服务体系。

(1)建议加强政府对老年护理服务市场的规范化、法治化监督管理

政府应加强养老服务市场的规范化、法治化管理,确保养老服务市场朝着规范化、健康化方向发展。建议政府出台相关优惠政策,鼓励社会力量加入老年护理服务市场。可以根据不同类型老年人对日常生活照料、医疗卫生、康复护理的需求设立不同的养老机构,如养老院、敬老院、日托中心和临终关怀机构等。同时政府可以通过政策优惠的方式鼓励建立此类机构,使养老服务按照社会化、区域网络化、窗口一体化的方式运作。

(2)重视老年医学和护理学的教育和研究

建议针对不同人群建立相应的老年护理机构。应支持和鼓励更多高校开设老年医学和老年护理专业。因此,今后应建立更多的老年医学与护理研究中心,对老年医学课程和护理理论课程进行更多的开发和研究。此外,可以依托社区开发更多的养老服务产品,满足不同老年群体的护理服务需求,既可以减轻社会和家庭的负担,也可以更好地为老年人服务。

(3)加强护理人员的培训

现阶段我国老年护理人才较为稀缺,现有临床护理人员也有一部分缺乏对老年人相关护理知识的积累。因此,要想完善老年护理培训体系,必须加强对护理人员的培训,建立各年龄层次老年护理保健制度。相关工作人员应该接受专门的养老知识培训、考核才能获得资质,逐步形成护理人才的资源储备库,为老年护理服务市场的形成奠定基础。

## 7.3.6 开发老年旅游市场

(1)开发多层次的适合老年人的旅游产品

老年人群较为关注的主题旅游线路和产品有:国家和社会发展成就、怀旧、纪念日、康养、美食、避暑避寒等。面对收入差别较大的老年消费者,更应该设计出不同的旅游产品。例如,针对收入水平较高的老年消费者,可以将豪华游、传统游以及观光游相结合,设计融入保健、康复、疗养性服务理念在内的旅游产品,从而满足高端老年旅游消费者的需求。对于收入水平相对不高的老年消费者,旅游产品应该以实惠为基本特点,例如,可开展故地重游、金婚银婚主题旅游等活动。此外,也要逐步推广老年人的出境旅游产品。

(2)提供"以人为本"的老年旅游服务产品

老年消费者的旅游产品必须从他们的特点出发,注重提供人性化服务。老年人有丰富的生活经验,在饮食和住宿方面比较讲究,喜欢安静的环境,使用的交通工具要安全、舒适。因此,老年人在旅游活动的安排上更加谨慎,他们更倾向于内容丰富和体力消耗较少的短途旅行。一些短而精的旅游线路,应本着"少看""慢行安全"的原则,满足老年人在旅游、饮食、住宿、交通、娱乐、购物等方面的特殊需求。

（3）对老年旅游事项进行科学规划

现阶段我国老年旅游市场的发展，单靠市场调控是不够的，应该加强政府的引导。在构建老年旅游产品、品牌、市场、公共服务、人才队伍等相关体系方面，政府应提供相应的指导。相关部门还应加强对各类旅游产品和服务的宣传推广，鼓励旅游企业、银行和保险业参与其中，让老年消费者在信息对称的条件下做出更理性的选择，为老年旅游市场的发展创造良好的社会环境。

（4）培养一批经验丰富、知识渊博、业务素质高的导游队伍

为老年人服务的导游不仅要具备专业知识，还要有丰富的生活经验。为了应对旅途中可能出现的各种问题，从业人员应接受相应的培训，例如要掌握护理和急救的基本知识、老年心理知识、老年医疗知识等。这不仅可以为老年人出行提供安全保障，还可以增进导游与老年游客之间的交流。老年消费者可以通过导游专业的服务，充分享受旅游的快乐，进而体会生活的美好。因此，培养一支高素质的导游队伍，为老年游客提供有针对性、高质量的服务，对于开发老年旅游市场具有重要意义。

# 参考文献

[1]班娟娟.稳岗扩岗激励力度加大 工资性收入稳定增长[N].经济参考报,
　2022-01-20(A02).

[2]蔡昉.中国人口与劳动问题报告 No.14:从人口红利到制度红利[M].北京:
　社会科学文献出版社,2013:18-23.

[3]蔡昉.超越人口红利[M].北京:社会科学文献出版社,2011:49-58.

[4]蔡昉.未富先老与中国经济增长的可持续性[J].国际经济评论,2012(1),
　82-95.

[5]蔡昉.中国人口与劳动问题报告 No.13:人口转变与中国经济再平衡[M].
　北京:社会科学文献出版社,2012:1-210.

[6]蔡昉.中国人口与劳动问题报告 No.7:人口转变的社会经济后果[M].北
　京:社会科学文献出版社,2006.

[7]蔡昉.中国人口与劳动问题报告 No.8:刘易斯转折点及其政策挑战[M].北
　京:社会科学文献出版社,2007.

[8]曾毅.中国人口分析[M].北京:北京大学出版社,2004:63-119.

[9]福建省老年学学会.积极老龄化研究[M].北京:华龄出版社,2007.

[10]陈磊,周丽苹,班茂盛,等.基于聚类分析的中国低龄老年人力资源水平区
　域差异研究[J].人口学刊,2015,37(4):55-65.

[11]程广州,任琦玥,张倚晨,等.论注意力经济视角下老年群体消费市场的开
　发:以电商直播为例[J].北方经贸,2022(7):42-46.

[12]党俊武.老龄社会的革命:人类的风险和前景[M].北京:人民出版社,
　2015:1-76.

[13]丁栋虹,袁维汉.互联网使用与女性创业概率:基于微观数据的实证研究

[J].技术经济,2019,38(5):68-78.

[14]丁开杰.社会排斥与体面劳动问题研究[M].北京:中国社会出版社,2011:
160-186.

[15]董志强.老龄化背景下中国经济增长及收入分配格局[J].探索与争鸣,
2013(1):71-76.

[16]泰勒.趋向老龄化的劳动力:期待与愿景[M].于戈,等,译.北京:社会科学
文献出版社,2011:46-47.

[17]戈布尔.第三思潮:马斯洛心理学[M].吕明,陈红雯,译.上海:上海译文出
版社,1987:66.

[18]龚红,孙文晓,霍雯.老年人力资本特征对其再就业行为影响的实证检验
[J].统计与决策,2016(8):98-100.

[19]顾玉清.法国应对老龄化的战略举措[J].人才资源开发,2011(5):62.

[20]郭晗,任保平.结构变动、要素产出弹性与中国潜在经济增长率[J].数量经
济技术经济研究,2014(12):72-84.

[21]郭晗,任保平.经济发展方式转变的路径依赖及其破解路径[J].江苏社会
科学,2013(4):70-75.

[22]郭志刚.社会统计分析方法:SPSS软件应用[M].北京:中国人民大学出版
社,1999:179.

[23]国家统计局,国务院第七次全国人口普查领导小组办公室.第七次全国人
口普查公报(第一号):第七次全国人口普查工作基本情况[J].中国统计,
2021(5):6-7.

[24]丹特.人口峭壁[M].萧潇,译.北京:中信出版社,2014:1-37.

[25]郝云飞.人口年龄结构变动与中国居民消费[D].济南:山东大学,2017:
48-51.

[26]黄安余.经济转型中的中国劳动力市场[M].上海:上海人民出版社,2010:
1-382.

[27]黄成礼,庞丽华.人口老龄化对医疗资源配置的影响分析[J].人口与发展,
2011,17(2):33-39.

[28]黄升民,刘珊.重新定义智能媒体[J].现代传播,2022(1):126-135.

[29]贝克尔.人类行为的经济分析[M].王业宇,陈琪,译.上海:格致出版社,

2015:1-322.

[30] 姜向群,杜鹏.中国人口老龄化和老龄事业发展报告[M].北京:中国人民大学出版社,2013:1-159.

[31] 国家发展和改革委员会就业和收入分配司,北京师范大学中国收入分配研究院.中国居民收入分配年度报告(2017)[M].北京:社会科学文献出版社,2018:50-78.

[32] 乐昕.老年消费如何成为经济增长的新引擎[J].探索与争鸣,2015(7):125-128.

[33] 雷晓康,王炫文,雷悦橙.城市低龄老年人再就业意愿的影响因素研究:基于西安市的个案访谈[J].西安财经大学学报,2020,33(6):102-109.

[34] 李洪心.人口老龄化与现代服务业发展关系研究[M].北京:北京师范大学出版社,2012:5-97.

[35] 李继樊,罗仕聪.人力经济学:兼论经济全球化与中国人才战略[M].北京:中国经济出版社,2005:2.

[36] 李建民.老年人消费需求影响因素分析及我国老年人消费需求增长预测[J].人口与经济,2001(5):10-16.

[37] 李玉江.区域人力资本研究[M].北京:科学出版社,2005:23-25.

[38] 波斯纳.衰老与老龄[M].周云,译.北京:中国政法大学出版社,2002:189-192.

[39] 连茜平.老年人口红利开发背景下老年人再就业意愿实证分析[J].许昌学院学报,2018,37(7):76-78.

[40] 林燕玲.体面劳动:世界与中国[M].北京:中国工人出版社,2012:3-264.

[41] 刘柏惠,寇恩惠.社会化养老趋势下社会照料与家庭照料的关系[J].人口与经济,2015(1):22-33.

[42] 刘汉辉,李博文,宋健.互联网使用是否影响了女性创业?——来自中国家庭追踪调查(CFPS)的经验证据[J].贵州社会科学,2019(9):153-161.

[43] 刘生龙,郎晓娟.退休对中国老年人口身体健康和心理健康的影响[J].人口研究,2017,41(5):74-88.

[44] 刘伟.以新发展格局重塑我国经济新优势[N].经济日报,2020-09-24

(3).

[45]逯进,刘俊琦.老龄化、政府支出与经济增长:基于中国省域视角的实证研究[J].重庆社会科学,2021(2):54-74.

[46]闫志俊.低龄老年人力资源再就业的影响因素与促进策略:基于江苏省南通市区的调查[J].天水行政学院学报,2019(5):18-24.

[47]马继迁,陈虹,王占国.互联网使用对女性创业的影响:基于 CFPS 数据的实证分析[J].华东经济管理,2020,34(5):96-104.

[48]马继迁,陈虹,王占国.互联网使用是否促进了农村青年非农就业? 基于2018 年 CFPS 数据的实证分析[J].当代经济管理,2021,43(1):68-75.

[49]马俊龙,宁光杰.互联网与中国农村劳动力非农就业[J].财经科学,2017(7):50-63.

[50]马克思.资本论:第一卷[M].中共中央马克思恩格斯列宁斯大林著作编译局,译.北京:人民出版社,1975.

[51]马芒,张航空.城市老年人消费水平影响因素分析:以上海为例[J].人口与发展,2011,17(6),23-30.

[52]科伊内,高尔戈齐.欧洲:工资和工资集体协商——自二十世纪九十年代中期以来的发展[M].崔钰雪,译.北京:中国工人出版社,2012:1-256.

[53]毛宇飞,曾湘泉.互联网使用是否促进了女性就业:基于 CGSS 数据的经验分析[J].经济学动态,2017(6):21-31.

[54]摩尔根.劳动经济学[M].杨炳章,陈锡龄,曹贞敏,等,译.北京:工人出版社,1984:1-710.

[55]穆光宗.成功老龄化:中国老龄治理的战略构想[J].国家行政学院学报,2015(3):55-61.

[56]彭希哲,胡湛.当代中国家庭变迁与家庭政策重构[J].中国社会科学,2015(12):113-132.

[57]齐美尔.社会是如何可能的:齐美尔社会学文选[M].林荣远,编译.桂林:广西师范大学出版社,2002:38-45.

[58]马格纳斯.人口老龄化时代:人口正在如何改变全球经济和我们的世界[M].余方,译.北京:经济科学出版社,2012:50-89.

[59]任保平,郭晗.新常态下提高我国经济增长质量的路径选择与改革取向

[J].天津社会科学,2015(5):84-90.

[60]苏成玮,张艳.老年消费市场特点、消费心理与市场开发策略[J].上海商业,2022(8):40-42.

[61]孙小雁.中国城乡老年人收入:个人、家庭和政府的作用[D].上海:上海社会科学院,2021:28-62.

[62]台恩普,陶立群,等.促进老龄产业发展的机制和政策[M].北京:科学出版社,2009:80-82.

[63]田雪原、王金营、周广庆.老龄化:从"人口盈利"到"人口亏损"[M].北京:中国经济出版社,2006:300-420.

[64]万芊.城市低龄老年人再就业促进研究:基于上海市的调查[J].社会科学研究,2013(6):114-117.

[65]王爱珠.老年经济学[M].上海:复旦大学出版社,1996:1-201.

[66]王丽颖.马克思主义消费理论视域下中国居民消费结构升级研究[D].成都:四川师范大学,2021:24-31.

[67]王胜今,贾玉梅,林盛中,等.中国特色人口发展道路[M].长春:吉林人民出版社,2012:44-150.

[68]王晓林.中国科学发展经济学导论[M].北京:经济科学出版社,2014:1-257.

[69]王跃生.中国城乡家庭结构变动分析:基于2010年人口普查数据[J].中国社会科学,2013(12):60-77.

[70]邬沧萍,姜向群.老年学概论[M].北京:中国人民大学出版社,2006:1-257.

[71]邬沧萍.社会老年学[M].北京:中国人民大学出版社,1999:10-79.

[72]吴明隆.问卷统计分析实务:SPSS操作与应用[M].重庆:重庆大学出版社,2010:1-59.

[73]吴玉韶,党俊武.中国老龄产业发展报告(2014)[M].北京:社会科学文献出版社,2014:1-96.

[74]熊必俊.老龄经济学[M].北京:中国社会出版社,2009:1-387.

[75]斯密.国富论[M].郭大力,王亚南,译.北京:北京联合出版公司,2013:1-359.

[76]阳义南,谢予昭.推迟退休年龄对青年失业率的影响:来自OECD国家的经验证据[J].中国人口科学,2014(4):46-57.

[77]杨玲."双循环"新发展格局的内在逻辑与实践路径研究[J].湖南社会科学,2021(3):98-104.

[78]杨玲.构建"双循环"新发展格局:战略抉择、深层意蕴与路径突破[J].新疆社会科学,2021(1):14-21.

[79]杨晓奇,王莉莉.我国老年人收入、消费现状及问题分析:基于2015年第四次中国城乡老年人生活状况抽样调查[J].老龄科学研究,2019,7(5):10-25.

[80]杨奕辰.我国老年消费市场规模化研究[J].合作经济与科技,2019(7):74-76.

[81]于学军,解振明.中国人口发展评论:回顾与展望[M].北京:人民出版社,2000:1-462.

[82]舒尔茨.老龄化经济学:英文[M].7版.裴晓梅,等,译.北京:社会科学文献出版社,2010:60-93.

[83]张德.人力资源开发与管理[M].4版.北京:清华大学出版社,2012:1-398.

[84]张凤林.人力资本理论及其应用研究[M].北京:商务印书馆,2006:37-52.

[85]张恺悌,郭平.美国养老[M].北京:中国社会出版社,2010:170-202.

[86]张翼,李江英."强关系网"与退休老年人口的再就业[J].中国人口科学,2000(2):34-40.

[87]赵慧君.马克思消费思想视阈下当前中国居民消费问题及对策研究[D].南宁:南宁师范大学,2021:22-32.

[88]赵建国,周德水.互联网使用对大学毕业生就业的影响:来自CGSS数据的经验分析[J].社会保障研究,2019(3):72-81.

[89]赵建国,周德水.互联网使用对大学毕业生就业工资的影响[J].中国人口科学,2019(1):47-60.

[90]赵羚雅,向运华.互联网使用、社会资本与非农就业[J].软科学,2019,33(6):49-53.

[91]郑爱文,黄志斌.基于个人和社会双重视角的老年人再就业影响因素分析[J].宁夏社会科学,2018(5):133-143.

[92]中国国际经济交流中心.中国经济分析与展望(2017-2018)[M].北京:社会科学文献出版社,2018:45-52.

[93]中华人民共和国工业和信息化部.2015中国通信统计年度报告[M].北京:人民邮电出版社,2016:32-33.

[94]周冬.互联网覆盖驱动农村就业的效果研究[J].世界经济文汇,2016(3):76-90.

[95]周洋,华语音.互联网与农村家庭创业:基于CFPS数据的实证分析[J].农业技术经济,2017(5):111-119.

[96]周翼.三权分置背景下土地流转对农民收入的影响研究[D].荆州:长江大学,2020:10-15.

[97]AKERMAN A, GAARDER I, MOGSTAD M. The skill complementarity of broadband internet[J]. The quarterly journal of economics, 2015, 130(4):1781-1824.

[98]ANDO A, MODIGLIANI F. The "life-cycle" hypothesis of saving: a correction[J]. The American economic review, 1964,54(2):111-113.

[99]ANDO A, MODIGLIANI F. The life cycle hypothesis of saving: aggregate implications and tests[J]. The American economic review, 1963,53(1):55-84.

[100]MASON A, KINUGASA T. East Asian economic development: two demographic dividends [J]. Journal of Asian economics, 2008, 19(5-6):389-399.

[101]ATASOY H. The effects of broadband internet expansion on labor market outcomes[J]. Industrial & Labor relations review, 2013, 66(2): 315-345.

[102]BLOOM D E, CANNING D, GRAHAM B. Longevity and life-cycle savings[J]. The Scandinavian journal of economics, 2003,105(3):319-338.

[103]BLOOM N, LIANG J, ROBERTS J, et al. Does working from home work? Evidence from a Chinese experiment[J]. The quarterly journal of economics, 2015, 130(1): 165-218.

[104]BLOOM D E, WILLIAMSON J G. Demographic transitions and economic mir-

acles in emerging Asia[J]. The world bank economic review, 1998,12(3):
419-455.

[105] CAMPBELL J C. How policies change: the Japanese government and the
aging society[M]. New Jersey: Princeton University Press, 1992:162.

[106] HARIOKA C. A cointegration analysis of the impact of the age structure of the
population on the household saving rate in Japan[J]. The review of econom-
ics and statistics, 2000, 79(3):511-516.

[107] LI D. Study on the strategy of young retirees' human resource development
[C]//Proceedings of the 2013 international academic workshop on social
science. [S.l.]:Atlantis Press, 2013:182-185.

[108] BLOOM D, CANNING D, SEVILLA J. The demographic dividend: a new
perspective on the economic consequences of population change [M].
[S.l.]:RAND, 2002: 44-48, 51-56.

[109] WEAVER D A. Labor force participation, income, and the use of short-term
hospitals by the elderly[J]. Medical care, 1996,34(10):989-1002.

[110] DETTLING L J. Broadband in the labor market: the impact of residential
high-speed internet on married women's labor force participation [J].
Industrial & Labor relations review, 2017,70(2): 451-482.

[111] CUMMING E, HENRY W E. Growing old: the process of disengagement
[M]. New York: Basic Books, 1961:211-218.

[112] EDMONDS E, MAMMEN K, MILLER D. Rearranging the family? Income
support and elderly living arrangements in a low-income country[J]. Journal
of human resources, 2005,40(1):186-207.

[113] ERLANDSEN S, NYMOEN R. Consumption and population age structure
[J]. Journal of population economics, 2008,21(3):505-520.

[114] MODIGLIANI F, CAO S L. The Chinese saving puzzle and the life-cycle
hypothesis[J]. Journal of economic literature, 2004,42(1):145-170.

[115] MODIGLIANI F. The role of intergenerational transfers and life cycle saving
in the accumulation of wealth[J]. Journal of economic perspectives, 1988,2
(2):15-40.

[116]GENDELL M, SIEGEL J S. Retirement quandary: more retirees at younger ages, living longer[J]. Population today, 1993,21(3):6-7,9.

[117]MYRDAL G. The challenge of world poverty: a world anti-poverty program in outline[M]. New York: Pantheon Books,1970:400.

[118]HAZLITT H. Economics in one lesson[M]. New York: Three Rivers Press, 1979:53-54.

[119]HOLMAN D. Job types and job quality in Europe[J]. Human relations, 2013,66(4): 475-502.

[120]HORN J L, CATTELL R B. Age differences in fluid and crystallized intelligence[J]. Acta psychologica,1967,26(2):107-129.

[121]KUHN P, MANSOUR H. Is Internet job search still ineffective? [J]. The economic journal, 2014, 124(581): 1213- 1233.

[122]LAU L J, YOTOPOULOS P A. The meta-production function approach to technological change in world agriculture[J]. Journal of development economics,1989,31(2):241-269.

[123]KOTLIKOFF L J. Intergenerational transfers and savings[J]. Journal of economic perspectives, 1988,2(2):41-58.

[124]LEWIS W A. Economic development with unlimited supplies of labour[J]. The Manchester school,1954,22(2):139-191.

[125]MARTENS L. Learning to consume — consuming to learn: children at the interface between consumption and education[J]. British journal of sociology of education,2005,26(3):343-357.

[126]ARELLANO M, BOND S. Some tests of specification for panel data: Monte Carlo evidence and an application to employment equations[J]. Review of economic studies,1991,58(2):277-297.

[127]BROWNING M , LUSARDI A. Household saving: micro theories and micro facts[J]. Journal of economic literature,1996,34(4):1797-1855.

[128]STEPHENS M. Job loss expectations, realizations, and household consumption behavior [J]. The review of economics and statistics, 2004, 86 (1): 253-269.

[129] CHOUDHRY M T, ELHORST J P. Demographic transition and economic growth in China, India and Pakistan[J]. Economic systems, 2010, 34(3): 218-236.

[130] OECD. Maintaining prosperity in an ageing society[M]. Paris: OECD, 1998: 1-48.

[131] ATTANASIO O P, WEBER G. Is consumption growth consistent with intertemporal optimization? Evidence from the consumer expenditure survey[J]. Journal of political economy, 1995, 103(6): 1121-1157.

[132] ATTANASIO O P, BANKS J, MEGHIR C, et al. Humps and bumps in lifetime consumption[J]. Journal of business & economic statistics, 1999, 17(1): 22-35.

[133] HERD P, SCHOENI R F, HOUSE J S. Upstream solutions: Does the supplemental security income program reduce disability in the elderly? [J]. The Milbank quarterly, 2008, 86(1): 5-45.

[134] SENESI P. Population dynamics and life-cycle consumption[J]. Journal of population economics, 2003 (16): 389-394.

[135] MADDOX G L. The encyclopedia of aging: a comprehensive resource in gerontology and geriatrics[M]. New York: Springer Publishing Company, 2001.

[136] LEE R, MASON A. What is the demographic dividend? [J]. Finance & development, 2006, 43(3): 16-17.

[137] SCOTCHMER S. Consumption externalities, rental markets and purchase clubs[J]. Economic theory, 2005(25): 235-253.

[138] KOMINE T, KABE S. Long-term forecast of the demographic transition in Japan and Asia[J]. Asian economic policy review, 2009, 4(1): 19-38.

[139] ULKER A. Household structure and consumption insurance of the elderly[J]. Journal of population economics, 2008, 21(2): 373-394.

[140] United Nations Department of Economic and Social Affairs. Population Division. World population prospects: the 1996 revision[M]. New York: United Nations, 1996.

[141] United Nations Department of Economic and Social Affairs. Population Divi-

sion. World population prospects: the 2010 revision[M]. New York: United Nations, 2011.